Collection folio junior

dirigée par
Jean-Olivier Héron
et Pierre Marchand

Loi n° 49-956 du 16 juillet 1949
sur les publications destinées à la jeunesse

ISBN 2-07-058836-X

Dépôt légal : mai 1995
N° d'éditeur : 71593 – N° d'imprimeur : 68286

Imprimé en France sur les presses de l'imprimerie Hérissey

Thierry Jonquet

Un enfant dans la guerre

Illustrations de Johanna Kang

Gallimard

Thierry Jonquet est né le 19 janvier 1954 à Paris. Il a occupé divers emplois dans les hôpitaux et à l'Éducation nationale… aujourd'hui, il est aussi l'auteur de plusieurs titres de la célèbre Série Noire : *Mygale, La Bête et la Belle, Le Manoir des immortelles*, et de romans pour la jeunesse aux Éditions Syros. *Un enfant dans la guerre* a été précédemment publié aux Éditions Gallimard, dans la collection Page Blanche.

Henri Galeron, l'auteur de la couverture de *Un enfant dans la guerre*, a deux passions dans la vie : les jouets mécaniques, qu'il collectionne amoureusement, et la pêche à la ligne. Ce qui ne l'empêche pas d'être un dessinateur aussi talentueux que prolifique. Pour Folio Junior, il a réalisé les couvertures de nombreux livres, parmi lesquels *La Merveilleuse histoire de Peter Schlemihl* d'Adalbert von Chamisso, *Salammbô* de Gustave Flaubert, *Coppélius et autres contes* de E. T. A. Hoffmann, *Dans le grand désert* de James Vance Marshall et *L'Enfant qui parlait aux animaux* de Roald Dahl.

Johanna Kang est de nationalité franco-américaine. Diplômée d'une école d'art, elle réside en France depuis quelques années. Elle a illustré, pour les Éditions Gallimard Jeunesse, *Bonne nuit, monsieur Tom* (Lecture Junior) et, pour les Éditions Syros, *La Grande peur sous les étoiles*, qui a obtenu le prix graphique de la Foire de Bologne 1994.

1

Assis sous le vieil arbousier, en haut de la colline qui surplombe Shamsi, Nassim rêvassait en écoutant une cassette américaine sur son walkman, un Sony dernier modèle que sa tante Kadidja venait de lui offrir pour ses quatorze ans. Tout près, accroupi au bord du ruisseau, le vieil Hassan trempait ses pieds dans l'eau fraîche et égrenait les perles de son *tasbih* [1] en murmurant les multiples noms d'Allah. Les chèvres de Hassan s'égaillaient dans la broussaille et leurs clochettes tintaient sans déranger le vieillard dans ses prières. Hassan était sourd. Et à demi aveugle. Sans quoi Nassim ne se fût pas aventuré à exhiber son walkman devant lui... une invention du Diable, une de ces machines que les Hypocrites ont conçues pour détourner la jeunesse de la parole de Dieu, voilà ce qu'aurait dit Hassan.

Nassim plissa les yeux sous le soleil et observa les maisons de Shamsi. C'était un village d'à peine quinze cents âmes, niché entre les collines du Chouf al Risfah, et construit voilà plus de dix siècles. La rivière

1. Chapelet.

qui longeait la grand-rue, et d'où l'on avait tiré mille ruisseaux pour irriguer les champs, enserrait le village dans une large boucle, avant d'aller se perdre en aval, à plus de trente kilomètres, dans le Grand Fleuve, sur les berges duquel, loin, très loin, bourdonnait Téhéran, la capitale.

Nassim connaissait Téhéran. Il y avait vécu plus de dix ans, dans le quartier de Houmieh, avec ses parents, jusqu'à la Révolution. Shamsi était un minuscule village. Nassim en avait exploré toutes les ruelles, cet amas de maisons de pisé, égayées par les teintes vives des *moucharabieh*[1], au milieu desquelles se dressait le minaret de la mosquée. Un trou énorme, bordé de terre rouge, béait juste à côté, là où jadis se tenait la boutique de Jamjar, le boucher. On avait dressé des chevaux de frise alentour, pour empêcher les gosses de s'en approcher. Il n'était rien resté de l'échoppe de Jamjar. Ni de Jamjar qui somnolait, assis devant son étal, au moment de l'explosion. Quelques lambeaux de chair que les rats avaient dû dévorer bien vite.

Oui, deux mois plus tôt, la guerre, pourtant si lointaine, avait brusquement atteint Shamsi. A dix heures du matin, quand le missile avait explosé, tout le village était réuni à la mosquée, pour la prière du vendredi. Sauf Jamjar l'infidèle, Jamjar qui ricanait en se moquant du mollah et buvait de la bière sans même se cacher. Nafouz, l'instituteur, échalas maigrelet à l'œil acéré que tous les enfants de Shamsi craignaient, avait alors ricané, lui aussi, expliquant aux fidèles que Dieu, de son doigt, avait dirigé le missile tout droit sur la maison de l'impie.

Il s'agissait d'un missile à plusieurs têtes, qui eût pu anéantir le village. Mais une seule charge avait explosé

1. Balcon fermé par un grillage en bois et qui permet de voir sans être vu.

et la fusée, le nez planté dans le sol, avec ses ailettes qui scintillaient au soleil, menaçait de répandre de nouveau la mort. Aussi, depuis deux mois, les villageois attendaient l'équipe de démineurs que les gens de Téhéran, là-bas, au ministère de la Guerre, avaient promis d'envoyer. Sans résultat pour l'instant.

Du sommet de la colline, Nassim pouvait voir la fusée. Il haussa les épaules, caressa l'encolure d'une des chèvres de Hassan, ouvrit la sacoche qu'il portait sur le dos et en tira une boule de riz et de poivrons enveloppée de papier d'aluminium. Il commença à manger, observant le vieillard, toujours perdu dans ses prières. Soudain, Hassan se leva et, dressé sur ses longues jambes maigres aux pieds crasseux, cornés des orteils au talon, s'avança vers Nassim. Le gamin fit prestement disparaître son walkman sous le blouson de jean qu'il portait à même la peau et toisa fièrement l'ancêtre qui pointait vers lui une main menaçante.

– Ils arrivent ! proclama Hassan de sa voix chevrotante. Tiens-toi prêt, Nassim !

Après quoi, il siffla de sa bouche édentée, agita une crécelle et s'en fut, de sa démarche claudicante, vers le bas de la colline. Les chèvres le suivirent en bêlant. Nassim, accroupi sur ses talons, fixa au loin la piste qui sinuait vers le nord et qu'avait désignée Hassan avant de disparaître. Il ne vit rien tout d'abord ; rien que du sable rouge, où s'arc-boutaient quelques arbres rabougris. Il y errait souvent, seul, chassant les rongeurs avec son lance-pierres, modèle « breveté Nassim », fait d'une crosse de revolver sur laquelle était soudée une fourche d'acier qui tendait une bande de caoutchouc noir donnée par Hussein, le potier de Shamsi.

Hussein n'avait pas son pareil pour tourner les grosses jarres d'argile dans lesquelles on gardait l'huile

d'olive. Hussein, à l'encontre de Hassan, n'aimait guère le mollah et, le soir de la mort de Jamjar l'impie, il était allé se recueillir au bord du cratère creusé par la bombe.

– Ils viendront... soupirait-il quand Nassim venait le voir travailler, au bord du ruisseau dans lequel il mouillait son argile. Ils viendront, Nassim, et ils te prendront, toi et les autres, tous, vous, les jeunes... Moi, je suis trop vieux, je ne pourrais plus tenir un fusil, mais toi...

Nassim haussait alors les épaules, avec une lueur de moquerie dans le regard. « Qu'ils viennent, songeait-il, qu'ils viennent et je partirai ! »

La vie à Shamsi s'écoulait, monotone, les jours filaient comme les grains dans le sablier, identiques, et Nassim ressentait une angoisse diffuse, comme si son existence se résumait à cela : compter les minutes, les heures, les jours qui, peu à peu, le voyaient vieillir et estompaient les souvenirs de sa vie à Téhéran, les souvenirs d'avant la mort de ses parents.

La tante Kadidja était affectueuse et le traitait comme son propre fils. Elle travaillait à la mairie et tapait à la machine du matin au soir. Elle recevait de Téhéran les rapports des ministères qui organisaient la guerre. Kadidja calculait le montant des réserves de nourriture, dressait l'état des ressources du village pour que, là-bas, les experts puissent fixer au plus juste prix le tribut que Shamsi devait payer à la croisade contre les Méchants. Peu à peu, à Shamsi, les femmes commençaient à diriger la vie du village. Les femmes, oui...

Les hommes... le fils du maire, celui du cordonnier, et celui de l'ingénieur qui creusait le sol pour y chercher de l'eau, et le neveu du vieil Hassan, et l'aîné de la famille Mossagh, qui possédait la plantation de citronniers, et le fils du tisserand, et celui du boulanger, tous, jusqu'à Djamal, le doux rêveur qui jouait de la flûte sur la place du village, tous étaient partis pour le front et n'en étaient pas revenus. Partis après la prière du vendredi, armés d'AK 47 neufs que distribuaient les officiers, tandis que le mollah chantait la prière des Martyrs en bénissant la poussière que soulevaient les camions emplis de volontaires. Tous partis, et combien d'autres que ne connaissait pas Nassim mais dont sa tante Kadidja avait inscrit le nom dans les registres de la mairie. Une semaine, un mois plus tard, les soldats, venus de Téhéran à bord d'une Jeep, apportaient de simples bandeaux blancs sur lesquels était agrafée leur plaque d'identité. Leurs corps, déchiquetés par des missiles semblables à celui qui avait mis fin à l'existence de Jamjar l'infidèle, pourrissaient à présent dans les marais d'Hostandjar, cet infect bourbier qui tenait lieu de champ de bataille.

Kadidja complétait ses listes, traçait des croix devant le nom des morts. Et le cimetière, au sud du village, retournait à la friche, dédaigné par le fossoyeur qui n'attendait plus que le décès des vieux. Mais ceux-ci, obstinés, ne semblaient pas pressés de mourir, alors que les familles perdaient leurs jeunes. Tous les soirs, réunis chez Moktar le cabaretier, ils sirotaient leur thé sur, et devisaient à voix basse, chuchotant entre leurs dents cariées, tandis que les femmes, silencieuses, s'affairaient à préparer le riz derrière les murs des maisons de pisé.

– Ils arrivent, tiens-toi prêt ! avait dit Hassan.

Aucun bruit ne venait troubler le silence qui pesait sur la vallée. Étonné, Nassim scruta l'horizon, en vain tout d'abord. Mais le vieillard était sans doute doté d'un sixième sens... Grimpé sur une branche de l'arbousier, Nassim vit en effet apparaître un vieux tacot brinquebalant dont la cabine était ornée du drapeau national, vert et or, frappé d'un ample croissant noir. Le camion quitta la piste et disparut dans les ruelles, suivi par d'autres, une dizaine en tout, sur les plates-formes desquels s'entassaient des nuées de gamins de l'âge de Nassim, ou plus jeunes encore. Ils pavoisaient dans leurs uniformes tout juste sortis des magasins et chantaient un hymne aux intonations martiales dont les paroles, couvertes par le rugissement des moteurs, étaient à peine audibles.

Des maisons badigeonnées à la chaux, monta bientôt un long cri qui répondait à celui que les nouveaux venus lançaient, le poing levé, tous massés sur la place bordant la mosquée. Les enfants de Shamsi, du moins les garçons, accouraient pour accueillir cette cohorte... Leurs voix se mêlèrent à celles des jeunes soldats qui brandissaient avec fierté les kalachnikov, encouragés par un sous-officier. Ils tirèrent quelques rafales en l'air et le vacarme fit encore monter la tension. Malgré les cris du mollah qui levait les bras au ciel pour tenter de rétablir le calme, les enfants de Shamsi hurlaient, trépignaient, applaudissaient les nouveaux venus.

Les femmes, au regard dissimulé derrière leur voile, assistaient à la scène en silence. Elles étaient sorties des maisons, une à une, pour se regrouper en un bloc compact et noir. Noir de ce coton lourd dont était tissé leur tchador, noir de la tristesse de leurs yeux dont on devinait l'éclat à travers la fente étroite du voile. Et, parmi elles, la tante Kadidja.

D'un pas lourd, Nassim descendit la colline. Sans courir, il rejoignit les abords de la mosquée et assista à la parade des nouvelles recrues. En rang par deux, levant haut le genou pour mieux marteler le sol de leurs rangers, les soldats marchaient en cadence, reprenaient les slogans où revenait sans cesse le nom d'Allah, destinés à effrayer Saddam et les siens, ces chiens rachitiques qui avaient osé défier la puissance de Téhéran et lançaient à présent leurs missiles sur les villages de l'arrière. Les enfants de Shamsi criaient le nom de leur père, de leurs frères, ceux-là mêmes qui, un an, un mois plus tôt, étaient partis pour le front, combattre l'Irak maudit, l'Irak et ses tanks, l'Irak et ses fusées ; ceux-là mêmes qui, dans les marais de Hostandjar, avaient infligé une correction mémorable aux troupes de Saddam !

Peu à peu, le mollah était parvenu à remettre un peu d'ordre grâce à l'aide de Nafouz, l'instituteur. Ses élèves, disciplinés, marchaient derrière les jeunes soldats. Ils venaient tous des villages alentour. Meched, Tabroz, Ahshan et Madsjdejd avaient fourni leur contingent de volontaires, de « bassidj ». Les enfants de Shamsi reconnaissaient leurs cousins, leurs amis, ceux que l'on rencontrait deux ou trois fois l'an, lors des fêtes religieuses ou durant la grande foire du mois de shavirar qui rassemblait à Shamsi les marchands de bétail venus de toute la vallée... Mais aujourd'hui, sanglés dans leur battle-dress, galvanisés par les cris de l'officier qui commandait le détachement, ils faisaient mine d'ignorer leurs anciens compagnons de jeux...

Et les enfants de Shamsi, soudain honteux de leurs djellabas rapiécées, de leurs pieds nus, enviaient ces soldats aux joues imberbes et leurs uniformes semblables à ceux des *pasdarans*[1] que l'on voyait défiler devant le Guide, sur la place de la Révolution, tous les soirs à la télévision.

La colonne, au pas de gymnastique, s'engouffra dans les ruelles et s'arrêta près de la bombe qui avait détruit la boutique de Jamjar le boucher. Nassim avait suivi le mouvement. Les femmes et les filles demeu-

1. Gardien de la Révolution.

rèrent à l'écart. Parmi elles, silencieuse, la tante Kadidja.

Réunis en cercle autour du cratère, les soldats et les jeunes de Shamsi écoutèrent l'officier, un lieutenant d'une quarantaine d'années, qui portait un collier de barbe drue et la calotte des *hadj*[1] sur son crâne à demi dénudé. Une balafre boursouflée fendait tout le côté droit de son visage, lui donnant un air terrifiant. Il descendit dans le cratère où était plantée la bombe et tapota négligemment les ailettes avec un sourire hautain. Un frisson parcourut la foule. Un frisson que l'officier salua d'un grand éclat de rire.

– Fils de Shamsi ! cria-t-il. Saddam et sa clique de dégénérés s'en prennent aujourd'hui à nos villages paisibles ! A nos mères, à nos sœurs !

– Mort à Saddam ! hurlèrent à plusieurs reprises les jeunes soldats.

– Oui, mort à Saddam, approuva l'officier de sa voix grave. Avec la bénédiction d'Allah, nous vaincrons le Satan Saddam ! Vos pères ont donné leur sang ! Vos frères ont donné leur sang ! Gloire à nos martyrs !

– Gloire à nos martyrs ! répliqua le chœur des bassidj.

– Notre vaillante armée se prépare à encercler Hostandjar ! Quand la ville sera prise, Saddam n'aura plus de pétrole pour faire rouler ses tanks ! Alors nous marcherons sur Bassor et Saddam tremblera dans son palais ! Pour chacun de nos morts nous exigerons la vie de dix mécréants ! Nous amènerons les valets de Saddam dans nos villages et nous leur ferons travailler la terre, comme des esclaves !

Un long cri, jailli de la gorge des enfants réunis autour du cratère, salua ces fortes paroles. On tira une

---

1. Celui qui a fait le pèlerinage rituel à la Mecque.

rafale d'AK 47, et une pluie de douilles brûlantes s'abattit sur le sol. Le silence se fit.

Un large sourire aux lèvres, l'officier caressa le fuselage du missile. Il effectua quelques mouvements d'assouplissement des doigts, essuya ses paumes sur son pantalon et plongea ses deux mains dans le ventre fendu de la fusée. Un long murmure salua son geste et, sans se concerter, l'assistance fit un pas en arrière.

Seuls Nafouz, l'instituteur, et Nassim restèrent à leur place, et s'accroupirent même au bord du cratère, côte à côte. Nassim glissa un sourire en coin à Nafouz. Celui-ci ne l'aimait guère. Nassim avait vécu en ville et n'était pas aussi crédule que les villageois de Shamsi... Nassim manifestait un mépris souverain pour l'instituteur, et quand il se décidait à venir traîner à l'école, c'était toujours dans l'intention de poser quelques questions perfides. D'ailleurs, de l'école de Shamsi, Nassim n'avait plus rien à attendre : au collège, à Téhéran, il avait appris bien plus de choses que Nafouz lui-même n'en savait...

Depuis le début de la guerre, l'instituteur était le seul notable resté à Shamsi. Nafouz vitupérait les mécréants, mais ne semblait pas décidé à aller lui-même les mater ! Il avait assisté au départ pour le front de tous les hommes du village ; au départ de Hosni, le fils du maire, et de son frère Naguib, et de Taleb, le fils du cordonnier, et de Samir, le neveu du vieil Hassan, et de Mustapha, le fils du tisserand... Il les avait tous vus partir, tous, même Djamal, le doux rêveur qui jouait de la flûte sur la place du village... A tous, il avait prodigué ses conseils.

Mais aujourd'hui Nafouz était toujours là, accroupi près de Nassim, devant cette bombe qui menaçait de les tuer. C'était la première fois sans doute qu'il contemplait la mort de si près. Une mort incarnée par les mains nerveuses de l'officier qui flattaient le missile comme s'il se fût agi de l'encolure d'un cheval ou des hanches d'une femme. Nassim lut dans les yeux de Nafouz un mélange de peur et de fierté.

– Ne fais pas trop le brave ! ricana-t-il. Ce n'est rien en comparaison de ce qui nous attend.

Nafouz fronça les sourcils, sans comprendre ce que le jeune garçon voulait dire.

– *Allah o Akhbar...* [1] psalmodia l'officier, d'une voix rauque.

Il tira une pince coupante d'une des poches de son battle-dress et, les yeux mi-clos, s'affaira. Après quelques minutes d'efforts, il extirpa un amas de fils noirs du corps du missile et le jeta au loin. Puis, d'un coup de talon, il fit basculer la bombe sur le côté. L'acier percuta le sable avec un bruit mou. Nassim, livide, ne pouvait détacher les yeux de ce monstre inoffensif et tentait, sans y parvenir, de maîtriser le tremblement qui agitait ses membres. Nafouz lui avait saisi la main et la pressait fortement.

– *Allah o Akhbar...* cria le mollah.

Nassim se redressa, se dégagea de l'étreinte de Nafouz et se retourna. Le cercle des enfants et des femmes se resserra en silence. Puis, soudain, ce fut l'explosion de joie. On entoura l'officier, que cent bras juvéniles soulevèrent. Les femmes poussèrent des cris stridents ; les vieillards descendirent au fond du cratère et palpèrent à leur tour le missile, s'en disputant les débris ; qui une ailette, qui une plaque du fuselage, le dépeçant comme on l'eût fait d'une bête. L'officier avait étranglé la peur qui étouffait Shamsi, de ses mains, de ses seules mains. Saddam et les siens pouvaient à présent déchaîner une pluie crépitante de missiles semblables, jamais plus les villageois de Shamsi ne se laisseraient prendre au piège. A mains

1. Dieu est le plus grand.

nues, à mains nues, c'était ainsi que l'on pouvait vaincre Saddam et sa clique.

Nassim assista à la liesse, légèrement en retrait. On tirait de nouvelles rafales d'AK 47. Dans ce tumulte, il eut grand-peine à discerner la voix de sa tante. Elle l'appelait, si calme parmi tous ces gens ivres de joie et de colère mêlées. Tous clamaient leur haine envers l'Irak et la mort barbare qu'il menaçait de répandre, mais qu'on ne craindrait plus désormais.

– Tu es fou, Nassim, pourquoi es-tu resté si près de la bombe ? sanglota Kadidja dès qu'il l'eut rejointe, près de la taverne de Moktar.

Elle l'étreignit violemment et il enfouit la tête dans les pans de son voile.

– Ne pars pas, Nassim, ne pars pas... lança-t-elle dans un sanglot.

Nassim sentit contre sa joue les palpitations du cœur de Kadidja et se souvint de sa mère. Il lui rendit son étreinte, pressa son front contre ses seins, noua ses mains autour des hanches pleines et chaudes, et retint ses larmes.

2

Ils étaient magnifiques, le Shah et sa femme, la Shabanou, sur les revues de papier glacé que la police distribuait gratuitement dans les rues du quartier de Houmieh, à Téhéran, où Nassim avait vécu jusqu'à l'âge de treize ans. Beaux comme des dieux, lui dans son uniforme de parade, elle vêtue de sa robe tissée de fils d'or, souriant aux photographes des pays occidentaux, lors des fêtes que la famille impériale donnait au château d'Ifrouz, la citadelle fortifiée qui domine la ville.

De tous les pays, on affluait pour saluer la dynastie qui régnait à Téhéran. Ministres, diplomates, businessmen, vedettes de cinéma, tous se pressaient dans les salons d'Ifrouz.

Des faubourgs de la ville montaient des rumeurs folles. Certains affirmaient que les meilleurs champagnes étaient servis aux hôtes du couple princier, les caviars les plus fins, les fruits les plus exquis, dans une vaisselle d'or. D'autres parlaient d'une musique étrange, envoûtante, qui faisait perdre la tête aux convives. D'autres encore prétendaient qu'à Ifrouz, les femmes les plus gracieuses, les plus insouciantes, les plus écervelées, charmées de parader dans des tenues excentriques et provocantes, dévoilaient leurs seins, leurs cuisses, tendaient leur bouche rouge à leurs amants, par défi, sans retenue. Oui, on affirmait – et les mollahs s'étranglaient alors d'indignation – que les fêtes d'Ifrouz donnaient lieu à des orgies diaboliques, dans les jardins bordés de jasmin du palais impérial.

On disait tant de choses si épouvantables qu'il était difficile d'y accorder crédit, à voir les photographies que publiait la presse, à regarder les reportages télévisés qui louaient la sagesse du prince. Le commentateur du journal récitait chaque soir sa leçon, commentait des schémas, des courbes, des graphiques et démontrait, chiffres à l'appui, que le souverain menait le pays vers les plus hautes destinées.

Dans le désert, les pipe-lines et les derricks ne jaillissaient-ils pas de la rocaille comme par miracle ? Il n'y avait pas d'eau dans ces étendues arides mais là, enfoui dans le sol, un trésor bien plus précieux, que les Occidentaux étaient prêts à payer à prix d'or. Une manne inépuisable qui faisait saliver les négociants les plus avides, une manne qui, bientôt, allait apporter la richesse au moindre des crève-la-faim qui hantaient les ruelles de Téhéran.

Nassim, comme tous les enfants du quartier de Houmieh, passait de longues soirées sur la terrasse de la maison familiale à admirer les feux d'artifice que l'on tirait chaque soir sur les hauteurs d'Ifrouz. Il retrouvait ses amis, tous enfants de commerçants du bazar tout proche, comme ses parents, et veillait en leur compagnie. Ils mangeaient en silence du faloudé, la glace à l'amidon de riz, parfumée à l'eau de rose et relevée de quelques gouttes de citron vert. L'air était empli des senteurs de torshi, une pâte d'herbes, de légumes, d'oignons et de piments, que les ménagères laissent mariner sur les terrasses, dans des jarres de terre cuite.

Nassim goûtait aussi à des plaisirs défendus. Khaled, son meilleur ami, collectionnait les revues pornographiques que les colporteurs vendaient presque sans précaution. On y voyait des femmes, accoutrées de tenues étranges, à l'occidentale, dénuder leur corps sans pudeur. Nassim les feuilletait en cachette et songeait à Nadira, sa voisine, la fille de l'horloger Mostépha. Nadira avait seize ans et vivait dans le bazar où elle tenait la comptabilité de la boutique paternelle.

De Nadira, Nassim ne connaissait que les yeux noirs, étincelants sous le voile, et la silhouette gracile qui roulait des hanches quand elle servait le thé dans l'arrière-boutique de Mostépha. A plusieurs reprises il avait tenté de lui adresser la parole en privé mais, malgré sa prudence – le père de Nassim et Mostépha s'isolaient souvent pour parler politique et laissaient alors les jeunes gens seul à seul – Nadira fuyait toujours, épouvantée, comme si Nassim avait brandi devant ses yeux une de ces revues que ce salaud de Khaled exhibait avec un rire gras. Nassim avait honte de lui-même. La nuit, il se réveillait, en sueur, hanté par ces images interdites.

De nombreux employés des ministères logeaient à Houmieh. Comme dans tous les quartiers qui entouraient le château d'Ifrouz, on n'y rencontrait guère de miséreux. Mais, si l'on s'éloignait du centre de Téhéran pour descendre vers les faubourgs, on oubliait bien vite Ifrouz et ses fastes. Agglutinée dans des baraques de tôle, recluse dans des îlots crasseux, la plèbe du pays survivait dans le dénuement. Les gosses erraient dans les venelles souillées d'ordures, la peau marbrée de croûtes suppurantes, et tendaient la main aux passants. Et si, par dédain, le nouveau venu refusait de donner son obole, une bande loqueteuse ne tardait pas à le suivre, menaçante, criarde, haineuse, qui le talonnait sans merci jusqu'à ce qu'il ait déguerpi. Téhéran était la ville de la honte.

Quand Nassim était plus petit, déjà, il entendait ses parents évoquer l'impudence du Shah et la haine qu'il suscitait. Il ne fallait pas trop parler de ces choses ; la police veillait, et de nombreux mouchards étaient prêts à dénoncer les opposants contre quelques billets. Il n'y avait que les mollahs qui pouvaient parler à voix haute. La police n'osait rien tenter contre les prêches qui appelaient à la révolte. Au fil des mois, Nassim comprit que la colère grandissait. Et il sut qu'il vivait dans un monde d'une cruauté inouïe quand on arrêta l'ingénieur Soliman.

Soliman était un petit homme timide et réservé qui vivait avec sa femme et ses deux filles dans une maison voisine de celle des parents de Nassim. Malgré sa douceur, son extrême affabilité, Soliman ne craignait pas de tenir en public des propos acerbes à l'encontre des maîtres du château d'Ifrouz. Et, un soir, les gens en uniforme noir de la Savak, la police politique, encerclèrent la maison de Soliman, mitraillette en main. On traîna Soliman, sa femme et ses deux filles dans une Jeep qui fila en direction du nord, vers la prison de Jafar où le Shah faisait emprisonner les opposants. Quelques semaines passèrent sans que l'on entende parler de l'ingénieur Soliman et des siens.

Un soir, la même Jeep de la Savak reconduisit Yasmina, la femme de Soliman, et ses deux filles dans leur maison de Houmieh. Les habitants du quartier se tinrent cois, et tentèrent de prendre contact avec Yasmina. En vain. Elle restait recluse en compagnie de ses deux filles. Seul Younous, l'homme à tout faire qui effectuait les livraisons de Nadir l'épicier, était admis à pénétrer chez elle. Les gens de Houmieh tentèrent de l'interroger. En vain. Younous restait muet, et bien malin qui eût pu deviner si c'était pour obéir à un vœu de silence ou tout simplement parce qu'il ne savait rien. Qu'était devenu Soliman ? Et pourquoi Yasmina restait-elle prostrée dans le patio, les yeux fixant le vide, ainsi que Nassim l'avait surprise à plusieurs reprises en escaladant les murets et la corniche étroite qui séparait les deux maisons.

Intrigué, Nassim s'entêta et, bientôt, il passa toutes ses soirées perché sur la corniche à épier Yasmina et ses deux filles, délaissant Khaled et les jeux tordus auxquels il conviait les gosses du quartier.

Dès qu'il apprit la vérité, Nassim garda pour lui l'épouvantable secret. Tous les jours, il se rendait au collège et assistait aux cours sans chahuter avec ses copains comme il en avait l'habitude. Il s'efforçait de donner le change, mais ne parvenait pas à oublier. Son père ne tarda pas à s'apercevoir de son trouble.

– Tu sais quelque chose à propos de Soliman ? lui demanda-t-il un soir, à brûle-pourpoint.

Nassim tenta de nier, mais son père ne fut pas dupe. Il insista.

– Ce soir... murmura Nassim, en serrant les poings, ce soir, tu verras...

A la nuit tombée, alors que sa mère était déjà partie se coucher, Nassim entraîna son père sur la corniche. Cachés derrière les jarres emplies de torshi aux senteurs âcres, ils épièrent Yasmina et ses deux filles. Elles étaient là, toutes les trois, dans le patio. Yasmina, Samira, l'aînée, et Touria, la cadette. Touria qui jouait à la marelle sur le dallage du patio ; elle chantonnait une comptine et sautillait en cadence,

comme le faisaient toutes les fillettes de Téhéran. Yasmina cousait, Samira lisait. Soudain, Yasmina abandonna son ouvrage ; Samira disparut pour réapparaître quelques secondes plus tard avec un plateau argenté encombré de fioles, de bandes et de pommades. Yasmina appela Touria qui abandonna aussitôt son jeu. Elle se dirigea vers sa mère et lui tendit les bras qu'elle tenait jusqu'alors enfouis sous sa robe.

Le père de Nassim, pour la première fois, vit les pansements. Un amas de bandes qui enserraient les poignets de Touria. Les poignets tranchés de Touria. Avec délicatesse, Yasmina défit les pansements, épongea les moignons de la petite, versa sur les plaies le contenu des fioles, les massa, puis, avec une douceur infinie, entoura les membres mutilés de bandes propres. Touria se laissait faire sans rien dire et Samira tenait la tête de sa petite sœur blottie contre son épaule.

– Ils lui ont coupé les mains, papa... murmura Nassim.

C'était la première fois que Nassim voyait son père pleurer.

– Ceux de la Savak, papa, ils ont coupé les mains de Touria... insista Nassim, d'une voix blanche, comme si son père n'avait pas compris.

Ce soir-là, Nassim et son père restèrent assis très longtemps, côte à côte sur la corniche, sans mot dire. Yasmina et ses deux filles étaient parties dormir depuis longtemps quand les deux hommes se résignèrent à se coucher à leur tour.

– Qu'est-ce que tu vas faire, papa ? demanda Nassim avant de fermer la porte de sa chambre.

En guise de réponse, son père lui fit signe de se taire en posant son index sur sa bouche. Puis il serra les deux mains de Nassim, très fort.

Dans les semaines qui suivirent, plus personne à

Houmieh n'ignora le calvaire de l'ingénieur Soliman. Soliman, si timide, si réservé, qui avait tenu tête aux gens de la Savak. Ils voulaient à tout prix lui faire avouer son appartenance à l'une des nombreuses organisations clandestines qui combattaient la dictature. Mais Soliman n'était pas un militant : il avait simplement dit tout haut ce que d'autres osaient seulement murmurer... Las de le torturer sans résultat, les sbires du Shah le placèrent en face de Touria. L'un d'eux tenait une hache. Soliman, hébété, abruti de douleur, vit le tortionnaire trancher les mains de sa fille. Il n'avoua rien. Les policiers l'achevèrent. Pour l'exemple.

Le quartier fut bientôt recouvert d'affichettes qui dénonçaient les exactions de la Savak. Dans les ruelles, les passants chantonnaient un refrain nostalgique, qui parlait des mains des fillettes, ces mains frêles destinées à cueillir le jasmin et que le Shah destinait au billot.

Peu à peu, dans d'autres quartiers de Téhéran, la complainte de Touria devint le signe de ralliement des opposants au souverain. Et, des campagnes, des villes de province, cent autres complaintes montèrent bientôt. De vagues couplets qu'on reprenait de la bouche d'un passant et qui se fondaient dans un chant unique, terrible. Soliman n'était plus seul.

A Houmieh comme ailleurs, la peur disparut. Les gens de la Savak patrouillaient toujours à bord de leurs Jeeps, mais sitôt qu'ils faisaient mine de s'arrêter devant une maison, la foule se rassemblait, silencieuse, menaçante. Ce fut le début de la fin. Malgré leurs mitraillettes, les hommes de la Savak n'impressionnaient plus personne. Les enfants les entouraient et, en signe de défi, retroussaient leurs manches pour brandir le poing, orné d'un ruban rouge autour du poignet...

Le 18 du mois de shavirar, lors des fêtes religieuses, un long cortège se forma pour gagner les abords de la citadelle d'Ifrouz. Il en était ainsi tous les ans. La tradition le voulait. Le peuple se rassemblait pour saluer son souverain. Cette fois, la fête servit de prétexte pour réunir les mécontents. Les mollahs qui encadraient la foule comprirent que le moment était venu de prendre la tête de la révolte. On chantait la gloire d'Allah, mais les slogans réclamant le départ des corrompus d'Ifrouz couvrirent bientôt les chants religieux.

Nassim et ses parents participèrent à la marche vers la Citadelle. C'était une marche joyeuse, dépenaillée, à laquelle les mollahs ne parvenaient pas à donner un air martial. Khaled et ses copains du collège étaient de la partie, eux aussi. Juchés sur des plates-formes de camions, escaladant le toit des tramways, ils souriaient et brandissaient le poing en direction des caméras des reporters occidentaux ; ceux-là mêmes qui s'étaient décidés à quitter la Citadelle et ses douceurs pour braquer leurs objectifs sur ce peuple que le Shah décrivait comme docile et soumis, inculte et naïf.

Quand la tête du cortège atteignit la place Sephah, à quelques centaines de mètres de la Citadelle, les hommes de la Savak pointèrent leurs armes vers la foule. Ils étaient très nombreux, retranchés derrière leurs Jeeps rangées en quinconce. Jamais on n'avait vu cela. D'ordinaire le cortège montait par les vieux escaliers de pierre jusqu'aux abords immédiats du château et l'on y festoyait jusque fort tard dans la nuit. Un officier, à l'aide d'un mégaphone, prononça un bref discours à l'issue duquel il décréta la fin de la fête. Ses propos étaient des plus confus ; on soupçonnait, disait-il, la présence de provocateurs étrangers parmi la foule. Ses exhortations au calme ne firent qu'attiser la colère des manifestants.

– *Allah o Akhbar !* hurlèrent les mollahs qui tenaient la tête du cortège, et ils avancèrent d'un pas. Il y eut un long moment de confrontation silencieuse. Puis l'un des mollahs saisit une pierre et, d'un geste théâtral, la lança sur les soldats.

Une brève rafale le cloua au sol. Le sang ruissela de sa poitrine. La foule amassée sur la place se coucha aussitôt. Nassim était entre son père et sa mère, qui l'écrasaient à demi, voulant le protéger. Alors un cri éperdu déchira le silence. Levant la tête, Nassim vit son copain Khaled se ruer vers le corps inerte, plonger ses mains dans le sang du mollah et les lever vers le ciel. Khaled poussa un second cri, avant qu'une rafale ne le fauche à son tour. Puis Samira s'avança. Les soldats frémirent en voyant cette silhouette si frêle marcher à leur rencontre, sous son voile blanc poissé de sang vermeil : celui de Khaled. Elle dressait vers eux ses mains rouges et avança encore, jusqu'à toucher leurs baïonnettes de sa poitrine. Le tir à bout portant l'arracha de terre. Son corps sembla un instant flotter en l'air avant de s'abattre lourdement dans la poussière.

Dès lors, ce fut la ruée. De toutes les avenues qui débouchaient sur la place Sephah, la foule déferla, ivre de rage.

– Ne bouge pas, Nassim ! lui ordonna son père en se relevant à demi.

Encore une fois, les soldats ouvrirent le feu, en vain. La foule reflua, avant de se lancer de nouveau en avant. Emportés par ce torrent, Nassim et ses parents furent séparés. Ce fut une marée, presque irréelle, qui voyait ses vagues se confondre dans les clameurs. Hébétés, les soldats serraient convulsivement la crosse de leur mitraillette dont le canon était chauffé à blanc par l'intensité du tir. Soudain, le silence revint. Des centaines de morts gisaient à terre. Le vent emportait dans son souffle des bouffées suffocantes ; déjà, des nuées de mouches se lançaient à la curée.

Accroupi derrière un kiosque à journaux, Nassim ne pouvait détacher son regard des cadavres épars. Il l'avait imaginée si belle, la fin du tyran, si belle la vengeance qu'ils paieraient, ceux de la Citadelle, pour les mains tranchées de Touria. Et il était là, abasourdi par le fracas des mitraillettes, à deux pas de ces cadavres couverts de mouches, ces cadavres dont le ventre, labouré par les balles explosives, se vidait... De longues rigoles sinuaient sur le bitume écrasé de soleil. Elle était laide, la Révolution, si laide que c'en était à pleurer. Nassim avait envie de vomir, mais il se contraignit à fixer cet amas de chair morte pour en graver à jamais le souvenir dans sa mémoire. Le mollah, Khaled et Samira : morts. Et Younous, comme tapi dans le caniveau, la cervelle dégoulinant de son front fracassé. Et Hamid, son copain du collège, accroché au réverbère, et dont les jambes formaient avec le tronc un angle écœurant. Hamid dont la tête cisaillée par une grenade gisait tout près du kiosque derrière lequel Nassim avait trouvé refuge.

Effrayés par ce carnage, et sans qu'on leur en eût donné l'ordre, les soldats refluèrent en direction de la Citadelle. Qui, du côté des assaillants, brandit le premier revolver ? Qui, parmi tous ceux qui gisaient, cloués au sol, se releva d'entre les morts, une bouteille incendiaire à la main ? Qui, avec un hurlement de fureur, brandit un long coutelas, comme pour narguer la puissance de feu des mitrailleuses ? Nul ne le sut. Mais, de la masse qui aurait dû s'enfuir, tétanisée par la terreur, un, dix, cent, et bientôt mille quittèrent la place Sephah pour se lancer à l'assaut de la citadelle d'Ifrouz.

Dès lors, rien n'y fit. Ni l'armement lourd dont bénéficiaient les nervis de la garde personnelle du

Shah, ni les hélicoptères qui survolaient la ville en rase-mottes, ni les gaz que crachaient les canons du château ne parvinrent à stopper l'élan des miséreux qui attaquaient, à mains nues pour beaucoup d'entre eux. Perdu parmi la foule, ballotté, pressé, Nassim vit d'autres gens mourir. Il avait renoncé à chercher ses parents dans ce flot qui mettait la Citadelle à sac. A chaque recul des soldats, les assaillants envahissaient les salles d'apparat, arrachant les portraits du couple royal, fracassant avec rage le mobilier, les lustres, la vaisselle, déchirant les vêtements, les tentures, éventrant les tableaux. Dans les salons, les mollahs écrasaient à coup de masse les bouteilles de vin fin et d'alcool dont le Shah et ses hôtes se régalaient. Autour de lui, Nassim ne voyait que de la colère, une explosion de haine que rien ne semblait pouvoir arrêter. A la nuit tombante, la foule était maîtresse du château. Les soldats de la garde avaient été impitoyablement massacrés et les mollahs avaient récupéré leurs armes.

Jusqu'au matin, on transporta les corps sur la place Sephah. Un long cortège lugubre descendait de la Citadelle, éclairé par des torches, pour les déposer sur des catafalques de fortune. De partout, on se pressait pour tenter de reconnaître un visage. Les femmes pleuraient en vociférant des imprécations à l'encontre du souverain qui avait fui à l'étranger. Les nouvelles circulaient vite : des villes de province parvenaient des rumeurs contradictoires. On disait que des régiments restés fidèles au Shah marchaient déjà sur la capitale, puis, au contraire, que l'armée s'était ralliée au peuple. Nassim passait d'un groupe à l'autre, avide d'entendre.

Soudain, alors qu'il approchait du centre de la place, une main se posa sur son épaule. Il se retourna et se retrouva face à Nadira, dont le voile déchiré laissait voir le visage. Il ne put contenir sa joie et la serra dans ses bras. De tous ceux qu'il connaissait et qui étaient présents sur la place le matin même, elle était la première qu'il revoyait vivante. Lentement, elle desserra son étreinte et, sans oser le regarder en face, lui fit signe de la suivre. Elle l'entraîna près des catafalques.

Quand Nassim reconnut ses parents parmi les morts que des mains inconnues commençaient à couvrir de linceuls improvisés, il resta hébété, sans parvenir à articuler un mot. Le visage de son père était resté figé dans un rictus de douleur. Sa mère, en revanche, souriait encore, les yeux clos. Ils étaient là, étendus près de centaines d'autres, côte à côte. On avait accroché leurs cartes d'identité sur leurs vêtements avec des épingles de nourrice.

Nassim attendit, tremblant, étonné qu'aucune larme ne vienne. Il les appelait pourtant de toutes ses forces. Il murmura une prière et, du bout des lèvres, effleura le front de son père, puis celui de sa mère. Nadira le vit secouer doucement la tête, les yeux écarquillés. Il se balançait d'un pied sur l'autre, les épaules courbées, comme écrasé. Une équipe de journalistes occidentaux, guidée par un mollah, s'approchait en filmant les catafalques. Nassim aperçut l'œil de la caméra qui le fixait et se détourna, pour enfouir son visage dans ses mains. Nadira lui passa un bras autour des épaules et l'entraîna à l'écart.

– Viens... souffla-t-elle. Ça ne sert à rien de rester ici !

Ils revinrent à Houmieh, lentement. Dans les rues régnait une atmosphère étrange. Ils croisaient tantôt des gens qui pleuraient sans retenue, tantôt des groupes joyeux qui célébraient par leurs cris la défaite du tyran. Et partout, aux carrefours, ou juchés sur des balcons, les mollahs haranguaient la foule, annonçant l'arrivée prochaine de l'imam qui rentrerait d'exil très bientôt.

C'est seulement quand il eut franchi le seuil du salon de la maison de Nadira que Nassim put pleurer.

Mostépha accourut peu de temps après. C'était un homme rigide et qui n'aimait guère s'épancher.

– Tu es seul désormais, dit-il simplement à Nassim. Ma maison est la tienne, si tu le désires. Tu peux partir en province, chez ta tante Kadidja, à Shamsi, ou rester avec nous... tu as le choix. Ce qui s'est passé aujourd'hui, il faudra l'oublier très vite, Nassim. Les jours qui viennent seront sombres et tu auras besoin de tout ton courage.

Nassim, ce soir-là, ne comprit pas le sens des paroles de Mostépha. Il passa la nuit allongé sur un canapé, et Nadira demeura près de lui. Mostépha était parti pour la place Sephah où, autour des catafalques, se tenait un gigantesque meeting improvisé. A l'annonce du massacre, tout le peuple de Téhéran avait envahi les rues et écoutait les mollahs qui parlaient de la nouvelle République dont le Guide proclamerait la naissance dès qu'il aurait regagné le pays.

Le surlendemain eurent lieu les obsèques des martyrs de la place Sephah. On avait rassemblé tous les corps sur le stade de l'université et un gigantesque cortège s'ébranla en direction du cimetière d'Al Rifa. Les cercueils des enfants tués lors de l'assaut de la Citadelle, hissés sur des camions à plate-forme, ouvraient la marche. Puis derrière, et parmi eux Nassim, avançaient les orphelins, tous ces enfants dont les parents avaient été assassinés l'avant-veille. En colonne, armés de fusils mitrailleurs, les mollahs encadraient le cortège, dans un ordre impeccable.

Nassim avait obéi à contrecœur. On lui avait donné

une djellaba blanche, ainsi qu'à tous ses compagnons, et il devait marcher au pas. Il aurait préféré se perdre dans la multitude qui affluait de tout le pays, aux côtés de Nadira et de son père. Les mollahs en avaient décidé autrement.

On fit défiler les cercueils devant les caméras des télévisions étrangères et, la cérémonie achevée, l'hodjatoleslam Rasafani prononça un discours terrible à l'encontre de l'Occident qui avait soutenu le tyran dans son entreprise de corruption.

3

– Ne pars pas, Nassim, ne pars pas... murmura Kadidja, une fois encore.

Sa voix fut couverte par les hurlements que poussaient les gosses de Shamsi. A la suite de l'officier qui avait bondi hors du cratère, ils s'élancèrent vers les camions remplis de tenues neuves et de fusils d'assaut. Puis, suivant les ordres, ils s'assirent en rond dans la poussière. Nassim écarta Kadidja avec douceur et fermeté, avant de se joindre à eux.

– Notre armée a besoin de vous ! lança l'officier, juché sur la cabine d'un des camions. Nous avons là de quoi armer plus de cent bassidj ! Voyez vos amis de Meched, de Tabroz...

Galvanisées, les recrues du petit détachement que les villages de la vallée avaient déjà fournies se tenaient raides, le menton en avant, et brandissaient leur fusil à hauteur de poitrine. L'arme était lourde et certains peinaient. L'officier se tut un long moment pour laisser l'assistance goûter le spectacle. Le soleil miroitait sur les crosses, les boucles des ceinturons, le cuir neuf des grosses chaussures.

– Personne, reprit l'officier, quel que soit son âge, son rang, n'a le droit de reculer ! Ou nous vaincrons l'Irak, ou nous périrons tous !

La centaine de gamins rassemblés frémit à l'unisson. Comme tous les habitants du pays, ils avaient vu les images des combats à la télévision et savaient que la lutte contre Saddam était sans merci. Ils avaient vu la Fontaine des Martyrs, dressée sur la place Sephah, à Téhéran. Cette fontaine de marbre qui crachait une eau rouge comme le sang, et devant laquelle venaient se recueillir les régiments en partance pour le front.

Quelques jours après la fuite du tyran, revint le Guide, l'imam infaillible, celui qui allait redonner au pays sa grandeur passée. Partout, dans le moindre village, on forma des pelotons d'exécution. Tous ceux qui avaient servi le Shah furent pourchassés sans répit, et certains fusillés. Une milice fut créée à cet effet, celle des pasdarans. Mais les mollahs ne s'arrêtèrent pas en si bon chemin. Puisqu'ils disposaient désormais de la force, ils voulurent imposer leur loi à ceux qui ne partageaient pas leurs croyances. De nouvelles rumeurs circulèrent : celui-là était un traître, celui-ci un espion... qui croire ? Nassim ne comprenait plus. Parmi les gens qu'on arrêtait, nombreux étaient ceux qui, comme Soliman, avaient combattu le Shah ! Était-ce simplement parce qu'ils ne voulaient pas voir la Mosquée réglementer la vie du pays qu'on les tourmentait ? Et pourquoi cette peur dans la voix dès que l'on parlait des pasdarans ?

– Est-ce pour cela que mes parents sont morts ? demandait-il à Nadira.

La jeune fille baissait la tête et évitait de répondre. Mostépha lui-même fut inquiété. Jamais il n'avait caché son aversion pour les mollahs ! Emmené un soir, il fut longuement interrogé. Puis relâché. Puis de nouveau interrogé. A Téhéran, la vie avait repris son cours, chaotique, incertain. Les écoles n'avaient pas rouvert leurs portes à la rentrée : nombre de professeurs étaient suspects aux yeux des autorités et il fallait séparer le bon grain de l'ivraie... Nassim traînait, désœuvré, dans les rues de Houmieh tandis que Nadira, sur l'ordre de son père, n'avait pas le droit de sortir. Dès qu'elle avait terminé son travail au magasin, elle devait rentrer à la maison. Nassim s'interrogeait. Si Mostépha critiquait sans vergogne les mollahs, pourquoi imposait-il à sa fille cette vie cloîtrée ? Après tout, ces chiens d'Occidentaux que le Guide couvrait sans cesse d'injures n'accordaient-ils pas plus de liberté à leurs enfants ? Nassim était peut-être bien le seul à avoir ces pensées. Partout dans Houmieh, les gamins de son âge accouraient à la mosquée pour écouter les prêches enflammés des hommes aux turbans noirs. Nassim se mit alors à les détester. Ce n'étaient que des voleurs, des voleurs de rêve.

– A-t-on le temps de rêver ? soupirait Nadira quand il se confiait à elle.

Nassim hochait la tête. Effrayés par la Révolution et l'intransigeance du Guide, les Occidentaux avaient retiré leur argent du pays. Les techniciens qui faisaient tourner les derricks et sondaient le sol pour découvrir de nouvelles nappes de pétrole étaient tous rentrés chez eux.

– A-t-on le droit de rêver ? insistait Nadira, sans se départir de son calme. Va, sors dans la rue, va dans les ruelles de Bordkj el Kifan, ou de Slaïdi...

Nassim secoua la tête sans répondre. Depuis le départ des étrangers, nombre d'usines avaient fermé leurs portes, laissant à la rue des milliers de chômeurs. Dans les quartiers pauvres, on faisait la queue de longues heures pour une gamelle de riz, servie par les mollahs.

– Nous avons un toit, mon père veille sur nous... dit doucement Nadira.

Nassim haussa les épaules. Parfois, Nadira l'exaspérait à parler ainsi. Il se demandait si cette sagesse apparente, qui ressemblait fort à la résignation, n'était pas, après tout, l'apanage des femmes...

Au début de l'hiver, les écoles rouvrirent leurs portes. Nassim fut soulagé. Il déchanta rapidement. Un religieux à la mine sévère dirigeait à présent le collège et on avait soigneusement épuré les manuels pour soumettre l'enseignement à la loi religieuse. La prière était devenue obligatoire et l'on chantait la gloire du Guide. Tous les jours, au milieu de la matinée et en fin d'après-midi, les élèves étaient réunis et devaient crier des slogans contre les satans occidentaux. On ne riait plus comme avant, il n'était plus question de chahuter ou de flemmarder ; avoir de mauvaises notes, c'était trahir l'espoir que la République plaçait dans ses enfants...

Un jour, à la sortie des classes, en revenant chez Mostépha, Nassim assista à un curieux spectacle. Une foule assez dense était rassemblée aux abords de la place Sephah. Un mollah lisait un acte d'accusation d'une extrême gravité : il désignait une femme qui portait le voile et courbait la tête. Elle se tenait près de lui, humiliée. Nassim se dressa sur la pointe des pieds et se tordit le cou pour voir de quoi il retournait. Le mollah n'avait pas encore révélé le crime qu'elle avait commis.

Quand il annonça qu'elle avait trompé son mari, Nassim ne put s'empêcher d'éclater de rire. Un grand homme barbu le toisa, courroucé, et leva le poing pour le frapper. Nassim s'esquiva, sans pour autant quitter le groupe qui grossissait de minute en minute.

A la fin de sa diatribe, le mollah saisit une pierre et

la lança sur la femme adultère. Elle l'atteignit au front et le sang ne tarda pas à couler. Puis le mollah se pencha de nouveau, ramassa une seconde pierre et la projeta avec plus de force encore. Le grand homme barbu qui avait menacé Nassim l'imita. Puis un autre. Et un autre encore. En quelques secondes, les cailloux volèrent sur la malheureuse. Elle s'effondra mais cela ne suffit pas à faire cesser le tir...

Épouvanté, Nassim serra les poings et dut réprimer son envie de hurler. Il aurait voulu fuir mais resta là, figé, sans parvenir à détourner les yeux. La lapidation ne dura que quelques minutes qui lui parurent des heures. Quand il fut de retour chez Mostépha, il raconta l'histoire à Nadira qui hocha la tête avec tristesse, comme elle en avait l'habitude.

– Et alors ? explosa Nassim, c'est tout ce que ça te fait ? Heu... je ne sais pas, moi... imagine qu'on se marie un jour...

Nadira fut secouée d'un petit rire de gorge qui augmenta encore la fureur de Nassim.

– J'ai dit « imagine » ! Eh bien ! si tu me trompais, je ne voudrais jamais qu'on te jette des pierres...

– Ah oui... ? murmura Nadira avant de pouffer de nouveau.

Ils étaient là, à rire tous les deux, quand Mostépha fit irruption dans la pièce. Nadira sursauta et rajusta son voile. Son père était pâle et ses mains tremblaient.

– C'est la guerre... les chars ont franchi la frontière à Hostandjar ! balbutia-t-il avant de s'asseoir, accablé.

– La guerre... répéta Nassim, abasourdi.

Le Guide, dans ses discours à la Grande Mosquée, menaçait la terre entière de sa colère. Du temps du Shah, expliquait-il, les capitaux affluaient à Téhéran, mais maintenant que le peuple avait chassé le tyran, l'étranger tentait d'affamer le pays ! Ils étaient si loin, les satans que dénonçait le Guide... mais l'Irak était proche. Les deux États avaient plus de mille kilomètres de frontière commune. Et Saddam, le président de l'Irak, haussait la voix dès qu'il parlait du Guide. Il le traitait de vieillard impotent et réclamait son dû. Dès son arrivée au pouvoir, le Shah avait annexé par la force la province d'Hostandjar qui appartenait à l'Irak et, quelques années plus tard, les techniciens occidentaux y avaient trouvé du pétrole en abondance...

– Saddam a envoyé vingt divisions en direction d'Hostandjar ! expliqua Mostépha. La radio vient de l'annoncer...

A cet instant, une sourde clameur monta au-dehors. Nassim, Nadira et son père se précipitèrent vers la terrasse. Les rues de Houmieh étaient noires de monde. Des cortèges se formaient, menés par les mollahs ; on conspuait Saddam. Les hommes montraient leurs mains grandes ouvertes et réclamaient des armes.

– Regardez... murmura Mostépha. Ils sont tous là... tous... il n'y a plus personne dans les maisons ! Ils sont devenus fous !

On marchait vers la place Sephah en criant des slogans qui promettaient la mort à l'Irak tout entier.

– Cette fois, c'est la fin... poursuivit Mostépha. Saddam se prépare depuis longtemps à la guerre et notre armée est désorganisée...

Après la Révolution, en effet, les mollahs avaient épuré le corps des officiers, éliminant nombre d'entre eux, comme ils l'avaient fait pour les professeurs.

– Dans quinze jours, les troupes de Saddam seront ici ! ricana Mostépha.

Il s'était trompé. Mal équipée, mal dirigée, l'armée résista pourtant à l'assaut. En quelques jours, les pasdarans repoussèrent les blindés qui menaçaient la capitale de la province. Le prix à payer pour cet exploit fut très lourd. Et le sang versé décupla l'ardeur des volontaires qui piétinaient devant les mairies, les casernes, en attendant qu'on puisse les enrôler.

Nassim vit d'autres cercueils exposés sur la place Sephah. Comme durant la Révolution, il y eut de grandes manifestations en direction du cimetière d'Al Rifa. Saddam s'entêta et envoya cinq nouvelles divisions sur le front. Impassible, le Guide ordonna que l'on mobilise jusqu'au dernier homme en état de se battre.

– Il n'est pas un seul d'entre vous qui soit exempté du bonheur de faire la guerre, de boire le savoureux élixir de la douce mort du martyr, afin de vivre éternellement au paradis !

Sur la place de Shamsi, la voix rauque de l'officier résonnait fortement. On avait tant piétiné dans la poussière qu'elle tardait à retomber et quelques-uns des vieux qui s'étaient approchés des camions, eux aussi, toussaient, crachaient, en écoutant cet homme qui semblait invincible. Nassim détourna les yeux pour ne pas regarder en face sa tante Kadidja, qui avait quitté le groupe des femmes et secouait la tête, affolée.

– Toi ! cria l'officier en désignant un des gamins du premier rang. Veux-tu être bassidj ?

Il n'avait qu'une dizaine d'années. Avec les encouragements de l'officier, il escalada la ridelle et disparut sous la bâche du camion. Moins de trois minutes plus tard, il réapparaissait, vêtu d'un treillis camouflé, chaussé de rangers étincelants. Un rien empoté dans sa tenue trop grande pour lui, le nouveau soldat salua fièrement ses copains. L'officier lui tendit un fusil d'assaut et lui montra comment l'épauler. La recrue mit tant d'ardeur à la manœuvre que les soldats qui accompagnaient l'officier l'applaudirent.

– Et toi, comment t'appelles-tu ? demanda l'officier en agrippant un autre gosse par le col de sa djellaba.

Il était plus âgé que le premier. Un mince duvet ourlait déjà sa lèvre supérieure.

– Ali ! Lui, c'est mon frère, Hocine ! rétorqua le gamin en rejoignant son cadet figé au garde-à-vous.

– Ali et Hocine ! Voici les deux premiers bassidj de Shamsi ! jubila l'officier. Qui d'autre ?

Après un moment d'hésitation, trois autres volontaires se levèrent. Nassim rentra la tête dans les épaules. Kadidja s'était approchée de l'officier et le défiait du regard.

– Que veux-tu, toi ? gronda-t-il.

Kadidja resta immobile, sans parvenir à ouvrir la bouche. Le seul fait d'avoir quitté le cercle des femmes et de s'être avancée au milieu des hommes suffisait à marquer sa réprobation. L'officier le comprit mais ne s'en offusqua pas. Les autres femmes qui voyaient leurs fils lever le doigt les uns après les autres pour s'enrôler dans les rangs des bassidj restèrent soudées, solidaires dans la soumission.

– Pauvre Kadidja... murmura Nassim avant de se lever à son tour.

L'officier tourna les talons et se tint devant elle, jambes écartées, les poings sur les hanches. Il l'effaçait de toute sa carrure. Elle contemplait fixement les bariolures du treillis imprégné de sueur. Puis elle sentit ses genoux fléchir et dut faire un grand effort pour ne pas s'évanouir.

– Tous, nous irons tous ! cria Nassim en brandissant le poing. *Allah o Akhbar !*

Son cri fut repris par les derniers enfants qui hésitaient encore.

– Et Nafouz, notre instituteur, viendra aussi ! cria encore Nassim.

Un murmure de stupéfaction salua ses paroles. Nafouz s'était raidi et vacillait sur ses jambes maigres. De grosses gouttes de sueur perlaient à son front.

– Oui, après tout, pourquoi ne viendrais-tu pas ? ricana l'officier.

– Nous voulons Nafouz ! reprit Nassim, d'une voix forte. Il nous parle si bien de l'enseignement de l'imam ! Au front, il nous soutiendra !

– Nafouz ! Nafouz ! hurlèrent bientôt les bassidj qui sortaient du camion, enfilant à la hâte les treillis que les soldats leur avaient distribués.

L'officier se dirigea vers l'instituteur et lui donna l'accolade en éclatant de rire. Nassim avança vers Kadidja, toujours immobile au milieu de l'arc de cercle que dessinaient les camions garés côte à côte. Il régnait une agitation joyeuse autour d'elle. Les bassidj des villages voisins congratulaient leurs copains de Shamsi, certains prenaient des poses, l'arme au poing, tandis qu'un soldat mitraillait la scène avec un vieil appareil photo. Indifférente à ces débordements, Kadidja serra si fort la main que lui tendait son neveu qu'elle le griffa.

– Pourquoi, Nassim ? Pourquoi ? souffla-t-elle.

Dans la tête de Nassim les réponses se bousculaient à un rythme effréné. Les mains tranchées de Touria, les suppliciés de la place Sephah, les images terribles qui provenaient du front et que la télévision diffusait à l'envi, n'était-ce donc pas assez pour justifier tous les pourquoi ?

La mort était omniprésente et lançait ses appels au sacrifice dans tout le pays ; elle ne faisait pas de quar-

tier, n'avait aucun scrupule... Les hommes de Shamsi étaient tous partis, aujourd'hui le tour des enfants était venu, alors pourquoi lui, Nassim, échapperait-il à ce destin ? De quel droit ?

La mort avait pris Mostépha. Mostépha qui, Nassim s'en souvenait, avait traité de fous ceux qui déferlaient dans les rues de Houmieh le jour même de la déclaration de guerre... Mostépha qui partit un mois plus tard, rappelé dans son régiment d'artillerie. Mostépha qui lui avait confié la garde de sa maison, à lui, Nassim, Mostépha qui lui avait demandé de veiller sur Nadira.

– Durant mon absence, vous resterez seuls tous les deux ! Prends soin d'elle, avait-il dit, elle est fragile et je crois qu'elle t'aime beaucoup ! Tu es un homme, à présent, Nassim !

Mostépha les avait serrés dans ses bras avant de partir, son paquetage à l'épaule. Une semaine plus tard, une délégation de pasdarans était venue à Houmieh. La nuit était déjà tombée. Nassim ouvrit la porte. Le chef des pasdarans tenait contre son cœur le bandeau blanc des martyrs et la plaque d'identité de Mostépha. Nassim s'empara du bandeau.

– Attendez ! Je vais prévenir ma... leur dit-il sans achever sa phrase.

Respectueux de la douleur des enfants, et les prenant pour frère et sœur, les pasdarans les laissèrent seuls. Nassim gravit lentement les escaliers qui menaient à la chambre de son amie. Le soir de l'émeute qui avait vu périr ses propres parents, il avait trouvé réconfort auprès d'elle. Aujourd'hui, c'était à son tour de lui témoigner sa gratitude. Il se montra prévenant, tout comme elle autrefois. Il l'aida à pleurer et resta près d'elle à lui tenir la main. De toute la nuit, ils n'échangèrent pas une seule parole.

Le lendemain, les mollahs étaient venus. Graves, obséquieux. Ils avaient discuté longuement avec Nassim et Nadira. Puisque le jeune garçon avait une tante à Shamsi, c'est chez elle qu'il irait désormais. Il était contraire à l'enseignement de Dieu qu'ils continuent de vivre sous le même toit. Et d'ailleurs, qui subviendrait à leurs besoins ? La provision d'argent qu'avait laissée Mostépha lors de son départ pour le front était presque épuisée. Quant à Nadira, elle serait placée dans l'orphelinat destiné aux enfants des soldats tombés pour la gloire d'Allah... Il avait fallu obéir, se dire adieu...

Depuis son arrivée à Shamsi, Nassim lui avait écrit cent lettres, et jamais il n'avait obtenu de réponse. La nuit qui avait suivi la visite des mollahs, ils l'avaient passée enlacés sur la terrasse de la maison de Houmieh. Ils avaient mêlé leurs larmes en embrassades sans fin, éperdus d'amour, comprenant l'un et l'autre que le temps des enfantillages était définitivement révolu puisqu'on allait les séparer.

Oui, de quel droit, lui, Nassim, échapperait-il au sort commun ? C'est tout cela qu'il brûlait d'envie de crier aujourd'hui, non seulement à Kadidja mais à toutes les femmes, tous les vieillards rassemblés devant la mosquée de Shamsi et qui assistaient, comme indifférents, au départ des enfants pour la guerre.

– Pourquoi Hocine, pourquoi Ali partiraient-ils si moi je reste ? dit Nassim en montrant les deux frères qui s'amusaient comme des fous à échanger leurs fusils.

– Dieu te garde... murmura Kadidja en lui embrassant la main.

Vingt minutes plus tard, le détachement de bassidj au grand complet avait pris place dans les camions, Nafouz en tête. Le convoi fila sur la piste qui menait vers le sud. Kadidja avait couru jusqu'au sommet de la colline et plissé les yeux, obstinée, jusqu'à ce que le dernier grain de poussière soulevée par les pneus des camions fût retombé. A ses côtés, le vieil Hassan avait de nouveau rassemblé ses chèvres et, les pieds trempant dans l'eau fraîche du ruisseau, égrenait son tasbih en psalmodiant les noms d'Allah.

4

De Shamsi, les camions filèrent à vive allure vers Tanshora. Un camp y regroupait les régiments de bassidj, afin de leur inculquer les rudiments de l'art militaire.

Le vieil Hotschkiss à bord duquel Nassim avait pris place tressautait au moindre cahot, à tel point que ses occupants, au bout d'une heure de route, eurent le dos et les fesses meurtris. Nafouz geignait tant et plus mais se forçait à sourire à ses ex-élèves. Nassim l'observait à la dérobée. Tout comme les bassidj, l'instituteur avait revêtu une magnifique tenue camouflée. Ainsi déguisé, il était presque méconnaissable. Il tenait entre ses cuisses une des kalachnikov que l'officier avait si généreusement offertes et veillait jalousement sur le sac d'effets personnels, qu'à l'instar de ses compagnons on l'avait autorisé à emporter avant de quitter Shamsi. De temps à autre, il glissait un œil noir vers Nassim, seul responsable de sa présence dans ce détachement.

Et Nassim, en toute modestie, n'était pas mécontent de lui. En effet, sans son insistance, Nafouz se serait sans doute défilé et aurait continué à sermonner les rares vieillards qui traînaient chez Moktar au lieu de venir prier à la mosquée. A présent, lui aussi était prisonnier de la nasse qui allait tous les emporter dans la tourmente de la bataille. Il paierait, Nafouz, songeait Nassim, pour tous les autres, les mollahs qui étaient venus lui enlever Nadira, les fous qui s'étaient réjouis le soir de la déclaration de guerre, pour le vieil Hassan qui n'avait à la bouche que des prédictions funestes.

Peu à peu, le convoi dut ralentir son allure. A chaque croisement de la piste, on rencontrait d'autres détachements de bassidj, aussi enthousiastes que celui de Shamsi. D'un camion à l'autre, on se saluait, on se lançait des branchages cueillis sur la route et dont on avait garni les arceaux de la plate-forme pour se protéger du soleil. Assis entre les deux frères, Hocine et Ali, Nassim restait muré dans son silence.

– Mort aux valets de Saddam ! hurlait inlassablement Hocine.

Au début du voyage, les membres du convoi reprenaient volontiers ses slogans mais, la fatigue aidant, ils le laissèrent crier tout seul. La route jusqu'à Tanshora était longue, et les soldats recruteurs n'avaient visiblement rien prévu pour nourrir les volontaires. La bouche pleine de poussière, ils eurent bientôt si soif qu'ils commencèrent à se plaindre. Personne n'osait cependant frapper à la vitre de la cabine où se tenait le lieutenant.

– Nafouz, c'est toi notre chef ! Explique-leur qu'il nous faut de l'eau ! dit Nassim en lui lançant un coup de coude dans les côtes.

Nafouz se gratta le menton, hocha la tête, se dressa sur les genoux et avança à grand-peine vers l'avant de la plate-forme. Quand il cogna du poing contre la vitre, il s'entendit tout d'abord répondre par une injure. Puis le visage de l'officier apparut. Ils échangèrent quelques mots, en criant pour couvrir le vacarme du moteur. L'officier parut hésiter mais, quelques kilomètres plus loin, le convoi fit halte à l'un des tournants de la piste garni de bosquets de cactus.

– Il n'y a pas d'eau ! expliqua l'officier en sortant de la cabine. Mais si vous pouvez vous désaltérer avec ça, allez-y !

Couverts de poussière des pieds à la tête, les volontaires coururent vers les cactus. A l'aide de bâtons, ils firent tomber les figues de barbarie qu'ils épluchèrent tant bien que mal. L'officier les encourageait avec bonhomie. Un quart d'heure plus tard, il donna l'ordre de départ.

Le jus sucré atténuait la soif dans un premier temps mais, ensuite, c'était pire encore. Les volontaires regrettaient de s'être laissés prendre au piège...

– Je comprends pas ! dit Hocine d'une voix grinçante, ils nous ont apporté des fusils, des uniformes, mais même pas une gourde !

– C'est pour nous endurcir ! rétorqua Mohand, un rougeaud trapu, le petit-fils de Moktar. Tu vas voir, au camp, on va s'entraîner à pas manger pendant des jours ! Au front, il faut tenir le coup, c'est mon frère qui me l'a dit !

– Bravo, Mohand ! voilà qui est bien parlé ! s'écria Nafouz. Et maintenant, silence ! Jacasser aiguise la soif !

Nassim regarda longuement Mohand qu'il avait vu pleurer le jour où les pasdarans étaient venus chez lui apporter le bandeau blanc des martyrs. Son frère Selim avait trouvé la mort sur le front nord, quelque part dans le désert entourant le grand port d'Ormaz. A Hostandjar, on mourait dans la boue des marais, mais, sur le front nord, c'était la chaleur suffocante qu'il fallait endurer. Sans doute, dans ses lettres, Selim parlait-il de la soif...

Au crépuscule, nombre de volontaires, abrutis de fatigue, commençaient à s'endormir. Nassim veillait et, loin vers le soleil couchant, il distingua les miradors du camp de Tanshora. De nombreux projecteurs lançaient des traits de lumière blanche vers le ciel. Sur la piste, l'allure se ralentit sensiblement et bientôt le convoi roula au pas, entouré de chenillettes qui tiraient de grosses pièces d'artillerie. C'était la première fois que les volontaires de Shamsi en approchaient de si près. Les canons étaient bien tels qu'on les voyait à la télévision, énormes, rassurants par leur puissance apparente.

Hocine, Ali, Mohand et les autres s'extasièrent devant la taille des obus alignés sur les remorques qui suivaient les affûts. A les croire, rien qu'à voir de tels monstres, les soldats de Saddam allaient s'enfuir à toutes jambes et on n'aurait plus qu'à les poursuivre jusqu'à Bassora ! La proximité des canons avait réveillé les volontaires de leur torpeur et ils riaient désormais en adressant des signes de connivence aux artilleurs qui, affalés sur les camions, dormaient ou mangeaient en silence des boîtes de ration, sans répondre aux saluts.

Nafouz demeurait silencieux et épiait le visage creusé de fatigue de ces soldats. Leurs uniformes étaient sales et déchirés ; certains portaient des pansements crasseux, maculés de sang et de poussière.

– Ils viennent du front ? demanda Nassim.

– Oui... souffla Nafouz. Je sais qu'au sud une grande offensive a commencé. C'est l'officier qui me l'a dit ! Et pour le moment, tout va bien... La huitième armée de Saddam a reculé de plus de dix kilomètres... Ce sont ses troupes de choc, celles qui nous ont vaincus l'an dernier à Hostandjar...

Nassim hocha la tête en souriant. Nafouz le vertueux venait de prononcer des paroles interdites : officiellement, jamais il n'y avait eu de défaite à

Hostandjar ! C'était au contraire l'armée de Saddam qui encaissait durement, si l'on en croyait les journaux télévisés !

– Et c'est là que nous allons, tu crois ? demanda Nassim.

Nafouz haussa les épaules en signe d'ignorance. Le convoi avançait toujours, croisant à présent des colonnes de fantassins équipés de pied en cap. Ceux-là portaient des uniformes neufs et marchaient d'un pas résolu.

– Mort à Saddam ! Allah nous donnera la victoire ! hurla Hocine quand le camion les dépassa.

Les fantassins poursuivirent leur marche sans répondre, au grand dam des bassidj qui avaient recouvré toute leur énergie et reprenaient les slogans que lançait Hocine.

Enfin ils arrivèrent au camp de Tanshora. Il était situé en dehors de la ville et semblait immense. D'épais rouleaux de barbelés entouraient des baraquements de bois que Nassim renonça à compter. Une pagaille indescriptible semblait régner à l'intérieur de cette enceinte. Des blindés bouchaient le passage d'une des allées principales et des pelotons de fantassins piétinaient en cadence, sous les ordres d'officiers, sans que l'on puisse saisir le sens de leurs manœuvres.

– Ça manque d'organisation ! tiqua Nafouz pour lui-même.

Nassim se souvint des récits que lui avait faits son père de son propre service militaire. Il cherchait ses mots pour décrire le chaos qui régnait en apparence dans les casernes du pays...

– Mais il ne faut pas s'y fier ! ajoutait-il en riant, tout le monde finit par trouver sa place !

Après bien des virages, des ordres et des contrordres, on fit descendre les bassidj de leurs camions et on les dirigea vers un terre-plein isolé par une palissade, tout au bout du camp. Il fallut se hâter au pas de gymnastique, le fusil sur l'épaule et, déjà, certains volontaires commençaient à grimacer. Le cuir des chaussures neuves les meurtrissait durement.

Ils se retrouvèrent plus de trois cents, alignés par rangs de vingt, devant une estrade. Une dizaine de sous-officiers arrivèrent en courant et se mirent aussitôt à gueuler pour obtenir le garde-à-vous et un meilleur alignement. Puis un personnage imposant fit son entrée, toisa les nouveaux venus du haut de son mètre quatre-vingts, arpenta le terre-plein d'une démarche pesante, les mains dans le dos, et se décida enfin à monter sur l'estrade. Nassim ne le quittait pas des yeux. Il avait repéré les galons de capitaine qui ornaient ses épaulettes, et il s'aperçut alors que le lieutenant qui était venu les chercher à Shamsi était resté en dehors de l'enceinte.

– Je vous salue tous au nom du général Omar ! cria le capitaine en saisissant un mégaphone. Vous êtes les bienvenus au camp de Tanshora ! Ici, on va faire de vous de vrais soldats ! Vous faites maintenant partie de la Sixième Armée ! Elle a remporté de grandes victoires et a été félicitée à trois reprises par le Guide lui-même ! Votre entraînement commencera demain ! Sous mon commandement. Je suis le capitaine Rachami ! Pour le moment, nous allons vous distribuer vos tenues !

Un murmure d'étonnement suivit ces dernières paroles. Les recrues examinaient, stupéfaites, l'uniforme qu'on leur avait remis à Shamsi, à Meched, à Tabroz, au moment même où ils s'étaient portés volontaires ; ils le trouvaient parfaitement à leur goût !

– Tout doit se passer dans l'ordre ! cria le capitaine. Le premier rang, avancez de dix mètres et déshabillez-vous ! Les fusils, à droite, les uniformes, à gauche !

Ils obéirent, rangeant les fusils en faisceaux, pliant

soigneusement les treillis, puis, sous la conduite des sous-officiers, s'alignèrent le long d'un baraquement, un peu honteux de se retrouver à demi nus, tenant contre eux les baluchons qu'ils avaient apportés de leur village. En moins de vingt minutes, tout le détachement était « désarmé ». Les sous-officiers se mirent à gueuler de nouveau, montrant l'entrée du baraquement. Peu à peu, toujours en rangs par vingt, les bassidj y pénétrèrent. Nassim fut parmi les derniers.

– Halte ! hurla un sergent, en leur barrant la route. Vous ! Ramassez les uniformes !

Ils les portèrent jusqu'à l'entrée de l'enclos délimité par la palissade. Nassim, qui marchait en tête, comprit alors pourquoi le lieutenant qui conduisait le convoi les avait abandonnés. Il attendait à côté de ses camions, dont les conducteurs remplissaient le réservoir à l'aide de jerricanes. Le sergent fit monter Nassim sur la dernière plate-forme et l'on forma une file pour lui passer les treillis qu'il empila à l'intérieur du camion.

– Ça alors, moi, j'y comprends plus rien... ronchonnait Hocine qui se démenait comme un forcené.

Vint ensuite le tour des fusils. Quand tout fut terminé, le sergent gueula qu'il fallait rejoindre le baraquement. Nassim suivit les autres qui allongeaient d'eux-mêmes la foulée, impatients de découvrir ce qui les attendait. Avant de franchir la porte qui s'ouvrait dans la palissade, Nassim se retourna furtivement. Il vit le lieutenant monter dans la cabine du camion de tête et donner l'ordre de démarrer. A présent il pouvait partir pour une nouvelle tournée.

– Rien, j'y comprends rien ! répétait Hocine.

A l'intérieur du baraquement régnait le plus grand désordre. Les bassidj se bousculaient autour de ballots de vêtements nettement moins séduisants que ceux qu'ils venaient d'abandonner. Ils se chamaillaient, se disputaient des survêtements aux teintes passées, des baskets aux lacets usés, des pull-overs râpés et crasseux, des chemisettes rongées par les mites. Il fallait fouiller dans le tas pour dénicher sa taille et tout le monde criait sans que les sous-officiers parviennent à rétablir un semblant d'ordre.

Une demi-heure plus tard, chacun avait à peu près trouvé son bonheur. Ainsi accoutrés, les bassidj avaient piètre allure et ne dissimulaient pas leur rancœur. Le sergent s'assit tout au bout de la table, ouvrit un gros registre et une caisse pleine de plaques d'identité neuves. Les volontaires passèrent devant lui l'un après l'autre et indiquèrent leur nom.

– Rien, j'y comprends rien ! répéta Hocine pour la centième fois, tandis qu'il attendait son tour. Pourquoi ils nous ont donné des uniformes si c'est pour nous les piquer après ?

– Crétin ! lui lança Nassim, qui était placé juste derrière lui. On n'attrape pas les mouches avec du vinaigre !

Hocine, furieux, se retourna, prêt à coller son poing sur le nez de Nassim. Nafouz l'arrêta dans son élan et lui lança une bourrade pour qu'il reprenne sa place dans la file. L'instituteur avait eu le privilège de conserver son treillis et sa kalachnikov et retrouvait ainsi tout son prestige.

– Ça suffit ! ordonna-t-il. N'espère pas faire le malin ici comme tu le faisais à Shamsi... sinon, tu auras affaire à moi !

– Oh, j'ai très peur... répliqua narquoisement Nassim.

Nafouz ne répondit pas et le poussa devant le sergent.

Après la distribution des plaques d'identité, les

sous-officiers divisèrent le groupe en sections qui, l'une après l'autre, furent conduites vers de nouveaux baraquements équipés de lits de camp ; les chambrées, décorées de portraits du Guide, regroupaient une cinquantaine de volontaires chacune. Les bassidj s'assirent et commentèrent à voix basse la curieuse décision de les désarmer dès leur arrivée dans le camp... Ils partaient à la guerre, c'était certain. Ils devraient apprendre à manier une arme. C'était évident. Alors ? Une cantine roulante arriva bientôt et fut saluée par un grand hurlement de joie qui mit fin aux palabres. Chaque recrue eut droit à une gamelle de riz brûlant et à une tranche de melon.

– Ils auraient pu nous donner un peu de kebab, dit Hocine, qui avait avalé son repas en trois cuillerées. On n'a rien mangé depuis ce matin...

Assis sur son lit, il tâtait la couverture et secouait sa gamelle vide.

– Tu comptes râler comme ça jusqu'à quand ? demanda Nassim. Un bon soldat, ça obéit, et ça se tait !

Hocine s'apprêtait à lever de nouveau la main sur lui quand le sergent se remit à hurler.

– Extinction des feux ! Et vos gueules !

Impressionné, Hocine s'allongea aussitôt.

– Nafouz ! Avec moi ! reprit le sergent.

– Une, deux, une, deux... ricana Nassim en voyant l'instituteur se précipiter vers la porte du baraquement.

Dès que le sergent eut disparu, des farceurs sillonnèrent les travées et se mirent à renverser quelques lits de camp en pouffant de rire. Ils étaient tous de Meched et s'en prirent aux bassidj de Tabroz qui répliquèrent volontiers à l'attaque, à grands coups de jets d'eau. En quelques minutes, une joyeuse pagaille envahit la chambrée.

Ils furent vite pris à partie par un groupe déterminé à faire régner sa discipline. Une brève bagarre éclata en effet avec les volontaires venus d'Ahshan, qui obéissaient au doigt et à l'œil à Mahmoud, un « grand » d'au moins seize ans. Ceux de Shamsi voulurent s'approcher et participer eux aussi : dans la vallée, personne n'aimait ceux d'Ahshan. Le village était plus riche que tous les autres réunis et, si loin qu'on s'en souvienne, ses habitants s'étaient toujours montrés arrogants. Mahmoud, qui portait déjà la barbe, cognait à tour de bras, martelant un visage, écrasant une main à coups de talon, arrachant quelques poignées de cheveux. Il y eut quelques dents cassées et certains se cachaient sous les lits pour échapper aux coups.

– Salauds ! On y va ! grogna Hocine, d'une voix mal assurée.

Ceux de Shamsi, groupés derrière lui, avaient quitté leur coin de chambrée et s'avançaient lentement, les plus grands devant, les petits derrière.

– On va leur en mettre plein la gueule ! ricana Mohand en retroussant ses manches.

A Shamsi, personne n'osait se frotter à lui. Malgré sa petite taille, c'était un sacré cogneur, le seul à pouvoir affronter Mahmoud avec quelques chances de succès.

Nassim, désemparé, resta en retrait. Il n'arrivait pas à se sentir concerné par la colère de Mohand et des autres envers ceux d'Ahshan. A vrai dire, depuis son arrivée chez Kadidja, il ne s'était guère mêlé à la vie du village. On le regardait un peu comme un illuminé, un type de la ville qui ne comprenait pas grand-chose, tout le temps perché sur sa colline à écouter sa drôle de musique.

Nassim hésitait. Mahmoud avait l'air d'être un beau salaud... mais se mêler à cette bagarre ridicule ?

Quand Mohand, poussé par les autres, agrippa Mahmoud d'une poigne ferme, lui saisissant la tignasse, Nassim se décida cependant. Il ramassa une gourde qui traînait par terre et la lança de toutes ses forces contre la vitre d'une des hautes fenêtres. Le fracas du verre brisé eut un effet immédiat. Stupéfaits, les volontaires restèrent figés quelques secondes. La tension décrut brusquement. Les regards se tournèrent vers Nassim. Il put y lire de l'étonnement, de la colère et, dans celui de Mahmoud, une hostilité mêlée de dépit : le caïd ne digérait pas d'avoir été privé de son triomphe. Quoi qu'il en soit, plus personne n'était décidé à se battre. Sans dire un mot, ceux d'Ahshan retournèrent à leur lit. Mohand, furieux, vint trouver Nassim, qui s'était allongé.

– Pourquoi tu as fait ça ? lui demanda-t-il. J'allais lui casser la gueule !

– Ouais, c'est vrai, il l'aurait fait ! surenchérit Hocine.

– Ah, c'est pour ça que tu es venu ici ? Pour casser la gueule à Mahmoud ? rétorqua Nassim.

Les deux autres restèrent la bouche ouverte, à court d'arguments.

Le lendemain matin, à l'aube, tout le camp fut réveillé par une marche guerrière que diffusaient les batteries de haut-parleurs placés près des miradors. Le visage chiffonné de sommeil, les bassidj, au garde-à-vous au pied de leur lit, furent rapidement passés en revue par le capitaine Rachami, qui ignora les cocards de quelques-uns des bagarreurs de la veille. Nafouz, qui craignait de se faire réprimander pour ne pas avoir tenu ses troupes en main, épiait l'officier avec anxiété.

Après le capitaine, vint un mollah.

– Je m'appelle Afchine ! s'écria-t-il. Et vous devez m'obéir, comme aux officiers !

Il était très jeune, le visage presque imberbe et les yeux fiévreux. Il passa lentement dans les travées, fixant tour à tour chacun des bassidj, puis leva le bras en direction de la porte. En rang par deux, les volontaires sortirent. Le mollah dirigea la prière des trois cents recrues qui, agenouillées, le front posé sur le sol, demandèrent à Dieu de leur donner la victoire.

Après la distribution du thé, l'entraînement commença. Il fallut courir autour du terre-plein, et courir encore, en rond, deux heures durant. Deux sergents ouvraient la marche, coudes au corps, tandis qu'Afchine, le mollah, debout jambes écartées au milieu du cercle, exhortait les volontaires à accélérer la cadence.

Nassim aimait courir. A Shamsi, il quittait souvent la maison de Kadidja dès le lever du jour, partait dans la montagne pour grimper sur les crêtes et courait jusqu'à ne plus sentir ses muscles. L'effort lui coûtait mais, abruti de fatigue, il ne pensait plus à rien, oubliait Téhéran et, surtout, la vie absurde qu'il menait au village.

Aujourd'hui, c'était différent. Il ne tirait aucun plaisir de la course et guettait ceux de ses compagnons qui risquaient de lâcher prise, afin de les aider à se tenir debout. Les sergents avaient imposé un rythme soutenu et quelques volontaires, parmi les plus petits, commencèrent à peiner dès la première demi-heure. L'un d'eux, hors d'haleine, le visage tordu de douleur, s'effondra dans la poussière. Afchine leva la main pour arrêter la course puis se dirigea vers lui.

– Comment t'appelles-tu ? demanda-t-il.

Assis par terre, le visage cramoisi, le gamin ne parvenait pas à reprendre souffle.

– C'est Samir ! Il est de Meched ! expliqua son voisin de rang.

– Qu'il y retourne ! décréta Afchine. Il n'est pas digne de combattre !

Le mollah claqua des doigts et l'un des sergents souleva Samir pour l'entraîner jusqu'au baraquement. La course reprit. Affolés, même les plus faibles firent l'impossible pour ne pas tomber à leur tour.

Tenant Samir sous un bras et son baluchon sous l'autre, le sergent traversa le terre-plein en sens inverse. Samir hurlait, suppliait qu'on lui donne sa chance, encore une fois. Afchine haussa les épaules et confirma son ordre. A l'idée de la honte qui les menaçait s'ils ne se montraient pas à la hauteur, les volontaires coururent jusqu'à en perdre conscience.

La chaleur était insupportable. A la fin de la première heure, Afchine pimenta l'exercice : tous les vingt pas, il fallut se jeter à terre, ramper sur une dizaine de mètres, se relever, puis courir en levant les genoux jusqu'à la poitrine... A ce régime, le groupe se disloqua après quelques tours. Les plus résistants tenaient le rythme, tandis que la plupart se contentaient de marcher. Ils titubaient, se cognaient les uns aux autres, obsédés par une seule idée : ne pas s'arrêter, ne pas tomber. Quand Afchine ordonna le repos, tout le détachement s'affaissa dans la poussière.

Le mollah et les sous-officiers avaient disparu, entraînant Nafouz à leur suite. Sans s'être concertés, les volontaires s'étaient regroupés comme dans la chambrée, par village d'origine. Ceux de Meched, mortifiés par la défaillance de Samir, restaient prostrés, tandis que les autres ricanaient, fiers d'avoir surmonté l'épreuve. Comme la veille au soir, Mahmoud avait réuni sa coterie ; on commentait joyeusement la « désertion » de Samir en montrant du doigt ses copains de Meched, tout juste bons à trottiner derrière leurs chèvres, mais certainement pas à faire de vrais soldats !

Dans le groupe de Shamsi, on riait également, pour

faire bonne figure, mais avec une certaine gêne. Hocine avait bien manqué lâcher prise, lui aussi ! Si son frère ne l'avait pas soutenu, aidé par Mohand, Afchine l'aurait renvoyé illico au village... Les bassidj de Shamsi discutaient à voix basse, évoquant avec crainte les exercices qui ne manqueraient pas de suivre.

Le départ de Samir avait laissé Nassim indifférent. Il n'était certes pas dupe du geste d'Afchine, qui avait réussi à monter les volontaires les uns contre les autres, mais il y voyait une certaine justice : après tout, au front, il leur faudrait certes courir, suer, mais surtout souffrir, et si les plus faibles n'en étaient pas capables, oui, ils devaient rentrer chez eux... Samir, du haut de ses dix ans, avait tout le temps de participer à d'autres campagnes !

Le cuistot qui leur avait déjà servi le repas apparut bientôt, poussant devant lui sa cantine roulante. Il servit un ragoût très gras, emplissant les gamelles à l'aide d'une énorme louche qu'il maniait avec nonchalance. Il avait une bonne tête, joviale, comme tous les cuistots, et se forçait à sourire devant ces gosses affamés.

– C'est pas trop tôt ! s'exclama Hocine. Vous avez vu la bouffe ? On commence à nous traiter comme des hommes !

Un éclat de rire général salua ces paroles, mais le retour soudain d'Afchine, accompagné d'un sergent et de Nafouz, ramena le calme. Instinctivement, et sans qu'on leur en eût donné l'ordre, les bassidj s'alignèrent en rangs impeccables et se figèrent au garde-à-vous.

Afchine apprécia la discipline qui régnait dans le détachement en hochant la tête à plusieurs reprises. Il s'avança au milieu des rangs, bousculant au passage les volontaires qui tardaient à s'écarter, puis il invita tout le monde à former un large cercle autour de lui. Il tira alors de sa poche une grenade quadrillée qu'il fit sauter dans sa main, avec une négligence affectée.

– Voici votre arme ! s'écria-t-il. La République n'a pas les moyens de donner un fusil à chacun d'entre vous ! Les grands satans occidentaux étranglent notre pays par leur blocus économique ! Et nous devons réserver les kalachnikov à nos soldats d'élite ! Quand vous aurez fait vos preuves, comme tant de bassidj qui vous ont précédés ici, alors, vous pourrez prétendre à détenir une AK 47 ! Comme celle-ci !

Il fit un signe à Nafouz qui, docile, tira une rafale en l'air.

– Vous comprenez ? lança Afchine d'une voix forte.

Un murmure d'approbation lui répondit. Nassim fixa Nafouz qui serrait la crosse de son arme d'un air absent.

– Deux grenades comme celle-ci, c'est tout ce que vous aurez pour combattre ! poursuivit le mollah. Deux, pas une de plus ! Deux ! Si chacun d'entre vous atteint sa cible avec ses grenades, alors Saddam et sa clique regretteront d'avoir posé le pied sur le sol sacré de notre pays ! *Allah o Akhbar !*

– Une grenade, c'est très dangereux ! expliqua le sergent. On arrache la goupille, comme ceci, et on la lance, droit devant !

Ce qu'il fit.

Terrorisés, les volontaires tentèrent de fuir, en désordre. Tous, sauf Mahmoud, le caïd d'Ahshan, Nassim, Mouhamar, un des plus âgés parmi les bassidj de Tabroz, ainsi que Nourredine, de Meched. La grenade tomba sur le sol avec un bruit mat. Sans exploser. Afchine éclata de rire. Confus, les volontaires s'approchèrent de nouveau. Afchine attira à lui ceux qui venaient de se distinguer par leur sang-froid.

– Voici vos chefs ! Ils commanderont les sections ! proclama-t-il. Toi, pourquoi n'as-tu pas eu peur, comme les autres ?

– Parce que tu n'aurais pas sacrifié nos vies inutile-

ment. C'est Saddam que nous sommes venus combattre ! répliqua Nassim.

– Bravo ! approuva le sergent. Retenez tous cette leçon ! Au combat, le courage est primordial, mais si vous renoncez à faire fonctionner votre cervelle, alors, malheur à vous ! La mort sera au rendez-vous ! Là où vous irez combattre, ce sera l'enfer !

– Mais Dieu sera à vos côtés ! Si vous gardez foi en lui, jamais il ne vous abandonnera ! s'écria Afchine, après avoir lancé un regard courroucé vers le sergent.

Il avait forcé sa voix pour mieux dominer son auditoire. Les promesses qu'il lançait au nom d'Allah le Tout-Puissant, le Miséricordieux, n'effaçaient pourtant pas les paroles du sergent. Le visage des volontaires s'assombrit à l'évocation du champ de bataille. Afchine dut déployer tout son talent.

– Les martyrs de notre *djihad*[1] entreront tous au paradis d'Allah ! hurla-t-il en levant les bras vers le ciel. Oui, au paradis d'Allah entreront les martyrs, un paradis plus resplendissant que les roses d'Astrahan ! Plus doux que le miel, plus doux que la caresse de la rosée sur les fleurs du jasmin... Mais vous vaincrez ! Depuis douze siècles, nous attendons le retour de Zahran, l'imam disparu ! Il vous apparaîtra sur son cheval blanc, au cœur de la bataille, et vous tendra la main pour vous secourir ! Alors les impies, éblouis par sa puissante figure, fuiront devant vous ! Vous vaincrez ! *Allah o Akhbar !*

– *Allah o Akhbar !* répondit le chœur des bassidj, en écho.

Nassim ne baissa pas les yeux, comme le firent tous les volontaires. Son regard croisa celui du sergent. Celui-ci haussa imperceptiblement les épaules et Nassim eut l'impression que le soldat lui adressait un bref clin d'œil.

---

1. La guerre sainte.

On forma quatre sections que devaient commander Nassim, Mahmoud, Mouhamar et Nourredine. Les trois derniers ne dissimulaient pas leur fierté et pavoisaient sans vergogne devant leurs subordonnés. Nassim, quant à lui, acceptait cette responsabilité avec réticence. Il aurait préféré se fondre dans le groupe.

– Tu es le plus malin, susurra Nafouz, c'est bien normal que tu aies été choisi !

Nassim dédaigna le compliment qui, dans la bouche de Nafouz, ressemblait à une proposition de « paix négociée ». L'organisation du détachement était en effet définitive. Le capitaine Rachami le commanderait. Afchine, secondé par Nafouz, veillerait au moral des troupes. Nassim et l'instituteur de Shamsi appartenaient désormais à l'aristocratie des galonnés. Devaient-ils pour autant être totalement complices ?

– Rassemble-les ! ordonna Nafouz en désignant les volontaires de Shamsi.

– En rang par deux ! Garde-à-vous ! cria Nassim.

Hocine, Mohand, Ali et tous leurs copains obtempérèrent aussitôt. Ils fixèrent la palissade, droit devant eux, sans poser leur regard sur leur nouveau chef, ne fût-ce qu'une fraction de seconde.

– Je n'y peux rien ! leur dit Nassim. C'est moi qu'ils ont désigné ! Je ne suis pas de Shamsi, mais vous devez quand même m'obéir ! En avant, marche !

Le détachement au complet se dirigea vers la porte d'enceinte au pas de gymnastique. Ils débouchèrent bientôt sur un vaste espace labouré de tranchées hérissées de chevaux de frise. Le terrain grimpait en pente douce sur deux cents mètres et, au sommet de la colline, les bassidj aperçurent une mitrailleuse nichée au creux d'un amas de sacs de sable. Les deux servants s'affairèrent brusquement et agitèrent les bras pour indiquer qu'ils étaient prêts.

– Ils vont tirer à balles réelles ! cria le sergent en montrant un projectile. Des balles explosives ! C'est celles qu'utilisent les soldats de Saddam ! Elles sont sans pitié ! Une seule suffit à vous arracher un bras, et...

– Mort à Saddam ! l'interrompit aussitôt Afchine.

– Mort à Saddam ! répliquèrent les volontaires.

– Vous devez courir jusqu'à la première tranchée, en vous faufilant sous les barbelés, reprit le sergent, agacé par l'intervention du mollah, puis lancer vos grenades en direction de cette cible !

Une silhouette de tôle décorée d'un poster jaillit de la rocaille. Les volontaires reconnurent aussitôt l'Oncle Sam, le chef des grands satans occidentaux, un drôle de lascar affublé d'un chapeau bariolé qui pointait un doigt menaçant vers eux. Son visage leur était familier : on le voyait si souvent à la télévision, aux côtés de celui de Saddam.

Avant même que le sergent n'en eût donné l'ordre, Mahmoud fit un pas en avant.

– Tu veux être le premier ? s'écria le soldat. A toi de jouer !

Il lui tendit deux grenades désamorcées que Mahmoud fourra dans les poches de son pantalon, avant de plonger sous les barbelés. Aussitôt, les servants de la mitrailleuse ouvrirent le feu. Mahmoud rampait, se glissait avec souplesse sous les amas de fil de fer hérissé d'épines. Autour de lui, sur le sol desséché, les balles soulevaient de petits nuages de poussière, tantôt à droite, tantôt à gauche. Mahmoud progressait à toute allure, comme un dément, jusqu'à se déchirer la peau. Ceux d'Ahshan retenaient leur souffle. Les balles sifflaient au-dessus de leur champion, mais Mahmoud ne semblait pas s'en émouvoir. Il prenait de grands risques, se redressant parfois au fil de sa course jusqu'à se placer dans la trajectoire des balles qui fouaillaient la terre, se perdaient au loin dans leur course folle ou explosaient sur les poteaux qui tendaient les barbelés. Il disparut brusquement dans la tranchée, puis l'on aperçut enfin son bras qui lançait les grenades. Mahmoud fit mouche. Ses deux projectiles atteignirent l'Oncle Sam en pleine face. Aussitôt le tir cessa. Après un bref instant de répit, Mahmoud s'extirpa de la tranchée, toujours à quatre pattes. Les servants de la mitrailleuse l'aidèrent à enjamber les derniers barbelés qui lui barraient la route. Il se releva et adressa un signe triomphal aux autres volontaires, avant de regagner sa place dans les rangs.

– Toi ! cria le sergent en désignant Mouhamar, le chef des bassidj de Tabroz.

Il prit les grenades que le sergent lui tendait et s'élança. Moins corpulent que Mahmoud, il eut davantage de facilité à se faufiler sous les chevaux de frise. Une seule de ses grenades atteignit son but. La tête basse, il rejoignit le détachement sans oser affronter le regard narquois de Mahmoud, imité par ses seconds. Puis vint le tour de Nourredine. Il avait eu tout le temps d'observer ses prédécesseurs, et de déceler les embûches du parcours.

– Vous allez voir, je vais faire encore plus vite qu'eux ! dit-il à ceux de Meched, avant de s'élancer.

Tous comprirent qu'il allait tenter de laver l'affront qu'ils avaient subi après la défaillance de Samir. A mi-chemin se dressait un petit monticule rocailleux. Mahmoud et Mouhamar l'avaient soigneusement contourné avant de poursuivre leur ascension vers l'effigie de l'Oncle Sam. Mais, quand Nourredine s'en approcha, il se redressa soudain, décidé à l'escalader pour gagner du temps.

– Ne fais pas ça ! hurla le sergent, en s'élançant à sa suite.

Les deux servants de la mitrailleuse avaient gardé le même axe de tir et furent surpris par le geste audacieux du gamin. Nourredine s'immobilisa brusquement, et s'effondra à plat ventre sur les rouleaux de barbelés. Une balle lui avait perforé la cuisse et le sang giclait de la plaie. Les volontaires se raidirent, épouvantés.

Nourredine s'était évanoui sous la violence du choc et ne réagit pas quand on l'arracha à son lit de barbelés. Les deux soldats avaient quitté leur abri de sacs de sable et aidaient le sergent : celui-ci tentait de nouer un garrot en amont de la blessure. Il n'y parvint qu'à grand-peine. Ils descendirent la colline, Nourredine toujours inerte dans les bras des soldats et du sous-officier qui le portaient avec précaution et se relayaient pour lui faire franchir tous les obstacles.

Les volontaires s'écartèrent pour les laisser passer. Ils virent la plaie, énorme, que la balle avait ouverte dans la cuisse pour ressortir en arrière, sous le pli fessier. Afchine, furieux, contenait sa colère. Nassim comprit que la mésaventure de Nourredine ne l'avait pas ému outre mesure. Ce qui irritait le mollah, c'était l'exemple stupide donné par l'imprudent, la gloriole qui l'avait conduit au désastre...

– Vise un peu ce salaud ! murmura Hocine.

– Il a dû en voir d'autres, sur le front ! répliqua Nassim à voix basse, comme pour lui-même.

– Voilà ce qui arrive quand on veut faire le malin ! L'exercice doit continuer ! ordonna le mollah qui avait retrouvé tout son calme. Emportez-le à l'hôpital !

Le sergent hésita un instant ; Nafouz se tenait près de lui, tremblant, décomposé. Il tendit son arme à un bassidj et recueillit le blessé dans ses bras. Celui-ci s'éveilla soudain et poussa un hurlement ; il griffa le cou de Nafouz et s'agita avec une frénésie telle que l'instituteur faillit bien lâcher prise. Nafouz se mit à courir vers les baraquements. Des infirmiers vinrent à sa rencontre, portant une civière. Nassim se demanda s'ils avaient l'habitude de ce genre d'incident ou si leur arrivée inopinée relevait du seul hasard...

– Reformez les rangs ! cria Afchine.

Les volontaires obéirent. Au loin, ils entendirent Nourredine lancer ce même cri affreux qui les avait fait frissonner quelques secondes auparavant.

– Et vous, retournez à votre poste ! cria encore Afchine à l'intention des deux servants de la mitrailleuse.

Le mollah récupéra les grenades désamorcées que les servants lui lancèrent du haut de la colline, avant de s'installer de nouveau derrière leur machine. Au passage, ils avaient redressé l'effigie de l'Oncle Sam qui souriait imperturbablement.

– A ton tour ! Et pas de fanfaronnade ! Compris ? reprit Afchine d'une voix posée, en désignant Nassim.

Celui-ci soupesa les deux projectiles et les glissa à même la peau, sous son pull. Puis il se jeta à plat ventre. Le tir commença aussitôt. Nassim, collé au sol, entendait les balles siffler à une quarantaine de centimètres au-dessus de sa tête. Il se coula le long des barbelés, s'écorcha le dos à plusieurs reprises en glissant sous les poteaux hérissés d'épines métalliques et arriva bientôt au bord de la tranchée. Il s'y laissa basculer la tête en avant et se reçut tant bien que mal, deux mètres plus bas. Il reprit posément son souffle avant de risquer un regard par-dessus le parapet. Il s'aperçut alors que les soldats avaient prudemment ajusté leur tir bien plus haut et sur la droite, dégageant ainsi la voie pour qu'il atteigne la cible sans aucun risque. Il vit leur visage ruisselant de sueur, encore marqué par l'effroi. La mitrailleuse tressautait en lâchant ses rafales. Nassim posa un pied sur la rampe qui permettait de sortir de la tranchée mais, au lieu de viser l'Oncle Sam, il expédia ses deux grenades droit... sur la mitrailleuse. Mus par un réflexe acquis au front, les servants jaillirent hors de leur abri et s'aplatirent dans la rocaille. Nassim bondit alors vers l'Oncle Sam et l'abattit d'un simple coup de pied. Puis il redescendit calmement la colline, sautant par-dessus les barbelés avec souplesse. Les mitrailleurs, penauds, avaient regagné leur poste.

Après un bref instant de stupeur, les bassidj rassemblés éclatèrent de rire et lui firent une ovation quand il revint parmi eux.

– J'avais dit pas de fanfaronnade ! grogna Afchine.

Personne ne lui prêta attention. Fous de joie devant l'exploit de leur chef, les volontaires de Shamsi le portaient en triomphe. Tout le monde avait déjà oublié Nourredine...

– Un autre ! ordonna Afchine en distribuant quelques coups de poing pour qu'on resserre les rangs.

Un volontaire d'Ahshan s'avança jusqu'à la limite des barbelés.

– Tu les as roulés comme des bleus ! murmura Hocine, la bouche en coin.

Au garde-à-vous près de Nassim, il se retenait de rire.

D'autres volontaires escaladèrent la colline, puis le mollah décréta une pause. Le sergent avait assisté à la suite de la manœuvre, sans rien dire, laissant Afchine diriger les opérations. Ceux de Shamsi profitèrent du temps de repos pour féliciter Nassim, leur chef. Leur chef. Il l'était vraiment devenu, grâce à son coup d'éclat... Mahmoud lui-même vint le saluer.

5

Les camions progressaient lentement, tous phares éteints. Après avoir quitté le camp de Tanshora à l'aube, ils avaient roulé jusqu'à la tombée de la nuit, avec de brèves haltes destinées à remplir les réservoirs. Entassés sur les plates-formes, les volontaires évitaient de faire le moindre bruit, comme on leur en avait donné l'ordre. Afchine, qui devançait le convoi à bord d'un 4×4 Toyota à la carrosserie labourée d'éclats, s'était lui-même résigné à ce silence alors que, toute la journée, armé d'un mégaphone très puissant, il s'était éraillé la voix à lancer des slogans, à hurler des chansons guerrières ou à exhorter les bassidj à la discipline la plus stricte.

Nassim, comme tous les autres, serrait contre lui le petit sac de toile qui pendait à son cou et qui contenait deux grenades. Ils avaient parcouru plus de trois cents kilomètres dans la journée et approchaient du front. Peu à peu, le paysage s'était modifié. Aux collines arides avaient succédé les forêts de pins des monts Kazemi. Puis ils avaient sillonné les villages troglodytes de la vallée de Kirman, entourés de vergers en fleurs. Les paysans leur lançaient des pastèques, des citrons, de petites boules de pain, et leur visage reflétait une infinie tristesse. Combien de convois semblables avaient-ils vu passer depuis le début de la guerre ?

Ils approchaient d'Hostandjar. La ville, entourée de marais sur ses flancs sud et est, était située en bord de mer... Il n'en restait que des ruines au milieu desquelles se dressaient les installations pétrolières à peu près intactes, près du port. Les aviateurs de Saddam savaient viser ! Les civils avaient tous fui, cédant la place aux fantassins de la Sixième Armée qui installaient leurs campements dans les décombres, tandis que les soldats du Génie s'employaient à déblayer les grands axes à l'aide de bulldozers.

Cette fois, la guerre était bien là. Le convoi s'engagea sur une route défoncée qui filait vers le sud, pénétrant ainsi dans la zone des marais. Dans le ciel noir, on voyait tournoyer de grands oiseaux qui piquaient parfois vers les buissons, pour se reposer de leur vol.

Les volontaires, abrutis de fatigue, luttaient contre le sommeil. Jamais ils n'avaient fait un si long voyage et ils ne voulaient rien perdre de la succession de ces paysages, si différents de ceux qu'ils avaient connus jusqu'alors.

Le matin même, Afchine les avait réveillés, parcourant à grandes enjambées les allées des baraquements pour les appeler à la prière. Quand elle fut terminée, ils crurent tous qu'ils retourneraient sur le champ des barbelés, pour s'y entraîner, comme la veille. Mais on les avait fait monter dans les camions et le mollah, à leur grande stupéfaction, leur avait annoncé qu'ils partaient pour le front.

– Ce que vous avez appris hier est suffisant pour

vous battre ! leur avait-il dit, répondant par avance à leurs questions.

Tout le long de la route gisaient des carcasses de chars, de chenillettes, carbonisés : tout un fouillis de matériel militaire abandonné par les combattants. Le paysage n'était qu'un immense chaos. Les obus avaient creusé de vastes cratères, soulevé des masses d'argile dont l'eau des marais ne parvenait pas à aplanir le relief. La route elle-même, cabossée, obliquait souvent pour éviter un de ces obstacles, et les pneus soulevaient alors de grandes gerbes d'eau boueuse en s'enfonçant dans la vase du marais. Sur les bas-côtés, les abris, construits de guingois à l'aide de plaques de tôle, de grosses tiges de bambou, de bâches goudronnées, se dressaient, de plus en plus nombreux. De petites escouades de soldats s'y reposaient et faisaient cuire leur rata.

Soudain les bassidj s'animèrent. Des nuées de moustiques gros comme le pouce les assaillaient avec furie. Ce fut un concert de cris, de jurons, de claques qu'ils s'octroyaient pour écraser les insectes avides de sang. Peine perdue. Plus ils en tuaient, plus il en venait, toujours plus gros.

– Ils vont nous bouffer tout crus ! pesta Nafouz.

Il n'avait pourtant pas à se plaindre. Son battle-dress de toile épaisse, qu'il pouvait boutonner jusqu'au col, le protégeait des piqûres, alors que les tenues de coton qu'on avait distribuées à ses subordonnés n'offraient qu'un piètre rempart.

– C'est Saddam qui nous envoie son aviation ! cria Hocine, enfreignant les consignes de silence.

Malgré leur frénésie à écraser cette vermine, ses compagnons éclatèrent de rire.

– Mort à Saddam ! Mort aux moustiques ! lança Nassim en imitant le ton guttural d'Afchine.

De nouveau, les rires. La tête enfouie entre ses genoux, les bras croisés sur sa nuque, Nassim sentait les piqûres sur ses doigts, le dos de ses mains, ses poignets, ses chevilles que les socquettes ne recouvraient qu'à demi.

Quelques soldats quittèrent leurs abris et coururent le long du convoi, pour lancer aux volontaires des brassées d'une herbe des marais, aux senteurs de citronnelle.

– Frottez-vous avec ça ! dirent-ils. Et vite !

La sève de l'herbe, appliquée sur les piqûres, accentuait la brûlure, mais le remède était efficace. Bientôt, les moustiques, incommodés par l'odeur douceâtre, renoncèrent.

Nassim, plissant les yeux dans la pénombre éclairée par un mince quartier de lune, aperçut un réseau de barbelés tendu à travers la boue des marécages. Quelques chars enlisés, camouflés par des branchages, reliés entre eux par des ponts de planches bricolés à la hâte, formaient une ligne continue, et leurs canons, tournés vers le sud, désignaient sans doute la présence muette de l'ennemi. Des soldats, dans de longues barques à fond plat, glissaient silencieusement parmi les touffes d'herbe haute, sans effrayer les nichées d'oiseaux.

Les volontaires avaient oublié les démangeaisons insupportables qui les tourmentaient quelques minutes auparavant et scrutaient cet étrange paysage. Le convoi cessa bientôt sa course lente. Au ronronnement monotone des moteurs succédèrent les mille bruits des marais. Quand les vapeurs de gasoil se furent dissoutes, monta dans l'air une puanteur mêlée d'effluves d'eaux stagnantes, de pourriture végétale, et d'autres senteurs âcres, indéfinissables, écœurantes.

– Ils sont là, tu crois ? chuchota Hocine, montrant le lointain d'un geste ample.

Nassim haussa les épaules. Il était certes le chef de la section de Shamsi mais ne pouvait répondre. Les questions fusaient.

– Où on est ? C'est ça, le front ?

– Qu'est-ce qu'il fout, le mollah ?

– Dis, Nassim, on n'a rien mangé depuis ce midi, tu crois pas que... ?

– Pourquoi tu demandes pas où on est ?

– Silence ! cria Nassim, excédé.

Il l'obtint. Chacun dans leur coin, les volontaires se turent et recommencèrent à se gratter. A l'avant du convoi, Afchine avait quitté son 4×4 et s'entretenait avec une poignée d'officiers. Ils disparurent sous une grande tente surmontée de filets de camouflage et dressée sur la langue de terre sèche qui flanquait la piste, à sa droite.

– Vas-y ! Ce coup-ci, ça devient sérieux ! lança Nassim en secouant l'instituteur.

Nafouz se décida à sauter par-dessus la ridelle et courut vers la tente.

Il revint sans tarder, les bras chargés de gros sacs qu'il jeta l'un après l'autre dans les camions.

– La bouffe ! chuchota Hocine en palpant les boîtes de conserve que ses mains reconnurent aussitôt sous la toile grossière.

Nassim supervisa la distribution. Deux boîtes par volontaire. Il fallut les ouvrir avec les moyens du bord : un poignard déniché dans la cabine du camion que le chauffeur avait abandonnée pour aller pisser.

– Merde... c'est encore de l'ananas... rouspéta Ali.

Les bassidj croquèrent les tranches avec entrain, prenant garde de ne pas s'écorcher les doigts sur le couvercle. Ils s'essuyèrent la bouche, le menton, poissé de jus sucré, et recommencèrent aussitôt à se gratter...

– Saloperie de moustiques ! jura Hocine.

– Allez, tout le monde descend ! ordonna Nafouz qui était revenu près du camion et pataugeait dans la boue.

Les bassidj s'exécutèrent et sautèrent sur le sol détrempé. Il n'y avait qu'une cinquantaine de mètres à parcourir avant de rejoindre la bande de terre sablonneuse, mais la progression fut difficile. On s'enfonçait dans la vase jusqu'à mi-mollet et il fallait prendre garde de ne pas y perdre ses chaussures. Quand tous eurent atteint le sable, Afchine leur annonça qu'ils pouvaient dormir, sans trop s'approcher de la tente qui abritait l'état-major du régiment.

Fourbus, courbatus, les volontaires s'éveillèrent quelques heures plus tard, à l'aube. Allongés côte à côte dans le désordre, ils bâillaient en fixant le ciel gris où flottaient de lourds nuages. Ils se dévisagèrent, découvrant ainsi, comme dans un miroir, leur visage rongé de piqûres. Ils maudirent de nouveau les moustiques qui les avaient à ce point défigurés ! Nafouz, fidèle au poste, réapparut avec ses sacs emplis de boîtes de conserve.

– Ananas pour tout le monde ! annonça-t-il d'une voix empâtée de sommeil. Et tenez-vous tranquilles !

Ils commencèrent à ouvrir les boîtes, résignés, prenant garde à ne pas verser le contenu dans le sable. Perchés sur leurs abris au milieu des marais, les soldats allumaient des feux pour faire bouillir des marmites de riz.

– Attendez ! ordonna Nassim, avant de rafler les boîtes d'ananas qui n'avaient pas encore été ouvertes.

Enjambant les corps des flemmards qui tardaient à se joindre au festin, il rejoignit Mahmoud et Mouhamar et déploya son énergie afin de les convaincre du bien-fondé de tractations savantes : une boîte d'ananas contre un bol de riz chaud. Avec leur assentiment, il organisa une délégation chargée de mener l'échange auprès des soldats. Ils rapportèrent quelques gamelles remplies à ras bord de riz fumant. Les bassidj, grognons, y plongèrent leurs doigts sales à tour de rôle.

Puis, désœuvrés, ils se mirent à tourner en rond dans leur réduit. Ils observaient ces guerriers dont on leur avait si souvent vanté les exploits à la télévision. Casser du bois pourri, préparer la tambouille, réparer deux morceaux de planche pour garder l'abri au sec : c'était donc cela, la vie du combattant ?

Et puis il y avait ce rite honteux, auquel il fallait se soumettre en oubliant sa pudeur : aller baisser culotte derrière une touffe de roseaux pour soulager ses intestins. Les volontaires y sacrifièrent à contrecœur, l'un après l'autre. Quand Nassim, à son tour, s'y résigna, il trouva Nafouz lui-même en piteuse posture, entouré d'un nuage de mouches, à l'abri d'un buisson épais. L'instituteur rougit et se rajusta prestement. Nassim éclata de rire et satisfit ses besoins, sous l'œil d'un gros crapaud étonné.

Les volontaires durent patienter toute la matinée avant qu'on s'intéresse de nouveau à eux. Certains s'amusaient à faire des ricochets dans l'eau grise, d'autres jouaient aux osselets avec des cailloux. Mahmoud, incorrigible, avait organisé un petit tournoi de lutte.

– C'est pas comme ça que j'avais imaginé... confia Mohand en égrenant une poignée de sable.

– Tu parles, c'était du bidon, ajouta Hocine. Tu vas voir, ils nous ont traînés jusqu'ici pour des clous ! On va creuser des trous ou des conneries comme ça...

Nassim hocha la tête. A la télévision, on voyait toujours des charges de blindés, ou le visage noirci au charbon des commandos qui partaient en opération derrière les lignes ennemies. Ici, la guerre n'avait vraiment rien d'attrayant.

Soudain, les jeux prirent fin : au loin, le canon rugit. Tout au sud, on apercevait de grandes colonnes de fumée qui montaient dans le ciel. Impressionnés, à la fois anxieux et ravis que le front commence vraiment à ressembler à l'idée qu'ils s'en faisaient, les volontaires se mirent à commenter l'événement. Certains s'improvisaient experts en balistique et juraient qu'il s'agissait des 75 de Saddam tandis que d'autres penchaient en faveur de canons plus légers. Nassim remarqua que les soldats, autour d'eux, ne semblaient guère s'émouvoir des tirs et continuaient leurs petites besognes. La canonnade décrut en intensité, jusqu'à s'éteindre, une demi-heure plus tard.

La brume s'était dissipée. Il faisait très chaud. Mahmoud, jamais à court d'imagination, avait inventé un nouveau jeu pour distraire ses soldats. Il coupait des tiges de roseaux dont il affûtait la pointe, les transformant ainsi en flèches rudimentaires. Puis il les lançait sur les rats qui s'ébattaient parmi les ordures réunies en un gros tas que les soldats venaient régulièrement approvisionner... Ceux d'Ahshan riaient en se frappant les cuisses. Mahmoud était un vrai chef, qui savait veiller à leur moral. Nassim dévisagea ses compagnons. Ils suaient, crasseux, hirsutes, et continuaient de se gratter jusqu'au sang. Nassim ne savait plus s'il fallait rire ou pleurer.

Ce fut Nafouz qui tira le détachement de sa torpeur en sortant de la tente.

– Garde-à-vous ! cria-t-il d'une voix mal assurée. Les chefs de section, avec moi !

Aussitôt, Mahmoud, Nassim et Hassaïche, qui avait remplacé le malheureux Nourredine, s'engouffrèrent sous la tente. On les conduisit devant une grande carte d'état-major striée de rouge. Il y avait là, assis sur des pliants, plusieurs officiers qui dévisagèrent les nouveaux venus. Impassibles, ils ne laissaient rien deviner de leurs sentiments.

Le capitaine Rachami invita les chefs de section à s'asseoir à même le sol, avant de commencer son exposé. Afchine resta en retrait tout au long de ses explications, toisant les volontaires d'un œil sévère.

– Voici où nous sommes ! dit le capitaine en pointant sa baguette sur la carte. Au nord-est d'Hostandjar. En plein centre des marais. Cette bande jaune, ce sont les collines de Toudiah ! Le seul relief qui domine les marais... Nous les tenions ; Saddam nous en a chassés ! Nous les avons reprises le mois dernier, mais l'ennemi a profité de nos difficultés de ravitaillement pour lancer un nouvel assaut !

Afchine rongeait son frein. Nassim l'observa à la dérobée et vit ses phalanges crispées sur le tasbih qu'il triturait nerveusement. Les bassidj retenaient leur souffle, attendant la suite de l'exposé. Nassim savait d'ores et déjà qu'il pourrait rassurer Hocine. Non, ils n'étaient pas venus jusqu'ici pour la parade !

– Nous devons reprendre ces collines ! Nous le devons ! martela le capitaine d'une voix forte. Si l'ennemi parvient à y installer des pièces d'artillerie lourde, il pourra arroser tous les marais et prendre Hostandjar ! Sur le flanc est des collines, il y a une plage que les impies n'ont pas eu le temps de fortifier sérieusement ! C'est là que vous attaquerez, en avant-garde ! Vous allez partir immédiatement ! Il y aura quatre escouades ! La première...

– Ce sera moi ! cria aussitôt Mahmoud.

– Et moi la deuxième ! cria Mouhamar.

– Et moi, après ! s'empressa d'ajouter Hassaïche.

– Parfait ! conclut le capitaine en se tournant vers Nassim. A toi la quatrième !

Un des commandants se passa alors la main sur le visage et quitta brusquement la tente. Les autres échangèrent un regard gêné et se levèrent lentement.

– *Allah o Akhbar !* murmura enfin Afchine. Soyez dignes de vos frères, de vos pères qui ont péri ici !

– Rassemblez vos sections et transmettez le message ! Allez ! s'écria Nafouz, sans parvenir à maîtriser le tremblement qui brouillait sa voix.

On amena des canots à moteur et les volontaires s'y entassèrent, après s'être barbouillé le visage de noir, comme de vrais commandos. Nafouz se tenait debout à la proue d'un des canots et supervisait l'embarquement, s'efforçant de se donner une allure martiale. Puis la flottille appareilla après que le capitaine Rachami et Afchine eurent pris place dans le bateau de tête.

Les canots filaient depuis plus d'une heure. Nassim enjamba le corps de ses copains et se glissa aux côtés de Nafouz.

– Tu étais avec les gradés, dans la tente... chuchota-t-il. Qu'est-ce que c'est que cette histoire ? Où sont nos canons ? On ne va quand même pas grimper la colline comme ça ?

– Les canons ? ricana Nafouz. Il n'y en a pas... Il n'y a que nos grenades ! Ils l'ont dit ! Ils l'ont dit !

– Tu es fou ? murmura Nassim, effaré.

– Non, je ne suis pas fou ! cria l'instituteur. Je te dis qu'il n'y a que...

– Tais-toi ! l'interrompit Nassim en le pinçant avec violence. Ce n'est pas la peine d'affoler les autres !

Bientôt, les soldats qui pilotaient les barques coupèrent les gaz. On était arrivé dans une zone très touffue, parsemée d'îlots près desquels d'autres barques avaient déjà accosté.

– En colonne ! En colonne ! ordonna le capitaine.

Les bassidj sautèrent dans l'eau et s'y enfoncèrent jusqu'à mi-poitrine.

– La main sur l'épaule de celui qui vous précède ! Et silence !

Nassim plaqua sa paume sur le cou de Nafouz. Hocine pataugeait derrière lui, agrippé à sa ceinture.

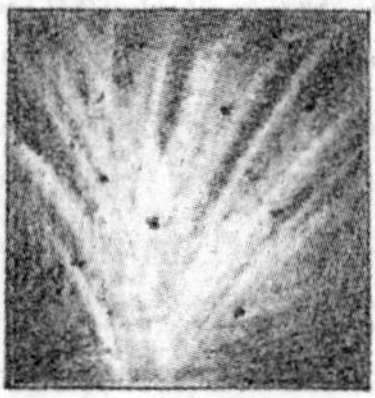

6

Ils avancèrent en file indienne, à une allure désespérément lente. La boue des marais était gluante et, quand ils arrivèrent en vue des collines de Toudiah, la moitié des bassidj au moins avaient perdu leurs chaussures. Nassim, qui n'avait pas lâché Nafouz, lui enviait ses rangers. Mille fois, depuis le début de la marche, il s'était griffé les chevilles aux racines enfouies dans la vase. A chaque pas, il lui fallait faire un effort pour arracher son pied de cette fange qui l'aspirait avec un bruit de succion répugnant.

Les collines se dressaient devant eux, au loin, émergeant du brouillard qui s'était abattu sur les marais à la tombée de la nuit. Elles étaient hérissées de troncs d'arbres calcinés et on pouvait apercevoir les fortifications des soldats de Saddam.

Les moustiques étaient revenus en force. Plus question cependant de chercher à les chasser. Chaque bassidj avait trop à faire pour conserver son équilibre, s'accrocher à une branche, aider un copain empêtré dans un nœud de lianes... et tous serraient le sac de toile accroché à leur cou et qui contenait les grenades.

A mesure qu'ils avançaient, les volontaires rencontraient des soldats, de plus en plus nombreux, équipés de pied en cap, qui portaient des bazookas, des fusils d'assaut ou des lance-flammes. Tous attendaient, massés derrière les bosquets en groupes compacts. Nassim comprit qu'il s'agissait véritablement d'une opération d'envergure. On n'entendait plus les coassements des crapauds ni les cris des oiseaux. Tapis dans l'obscurité, les soldats nettoyaient leurs armes et vérifiaient qu'elles n'étaient pas enrayées par l'humidité étouffante qui montait du marais et dont les vapeurs prenaient à la gorge.

Ils firent halte sur un îlot à peu près sec ; la première depuis cinq heures de marche ininterrompue. Les volontaires se mirent aussitôt à dévorer les rations qu'on leur avait distribuées lors du départ puis, tâtonnant dans l'obscurité, ils palpèrent leurs mollets, à la recherche des sangsues qui grouillaient dans les eaux stagnantes, et les arrachèrent avec de petits cris de douleur.

– Passe tes jumelles ! souffla Nassim à l'intention de Nafouz, qui s'était vu gratifier de ce précieux instrument par le capitaine.

Il régla la molette et scruta le sommet des collines. Il distingua les silhouettes des soldats ennemis, retranchés derrière les parapets disposés en épi tout le long des crêtes. Les soldats de Saddam ne semblaient pas s'inquiéter et s'affairaient autour de leurs campements. Les jumelles circulèrent ensuite de main en main, avant de revenir à leur propriétaire. Nassim était assis près de l'instituteur, un peu à l'écart du groupe.

Ils s'agitaient tous deux dans la pénombre, chassant les insectes pour manger en paix. Leurs deux corps se touchaient et chacun percevait la nervosité de l'autre à la tension qui animait ses gestes.

– Tu as peur ? chuchota Nafouz.

Nassim ne répondit pas.

– Moi, j'ai peur d'avoir mal ! reprit Nafouz. Pas de mourir, d'avoir mal ! Toi aussi, tu as peur ?

Il y avait dans la voix de Nafouz une telle insistance que Nassim avoua à son tour.

– J'ai la trouille ! Oui ! Tu es content ? Alors, fous-moi la paix !

– Tu ne peux pas me sentir, hein ? ricana Nafouz. Tu te crois supérieur aux autres ? Moi, je te crache dessus !

– C'est ça, c'est ça... soupira Nassim. Mais maintenant, c'est trop tard !

A cet instant, il renversa la gourde que l'instituteur lui tendait.

– Merde, excuse-moi ! souffla-t-il en la récupérant dans le sable.

– Pourquoi es-tu venu ? Personne ne t'a forcé... demanda Nafouz.

– Tu veux dire pourquoi je t'ai entraîné jusqu'ici ? ricana méchamment Nassim.

– Ah, tu continues ? Si tu savais comme je m'en fous ! Alors, réponds-moi !

Nassim se tut. Il ferma les yeux et se souvint de la tiédeur exquise des larmes que Nadira avait versées le matin où ils avaient dû se quitter. Aucun des bassidj présents ce soir-là dans le cloaque des marais d'Hostandjar n'avait jamais étreint le corps d'une femme. Ce n'étaient que des enfants.

Dépité par le silence du garçon, Nafouz se raidit et entreprit de vérifier le bon fonctionnement de sa kalachnikov. La culasse, soigneusement graissée, coulissait à merveille.

– Je ne suis pas un salaud ! Je ne suis pas un lâche ! murmura-t-il d'un ton courroucé.

– Personne n'a dit ça ! répliqua Nassim, d'une voix qu'il voulut apaisante.

– Mais j'ai la trouille ! avoua Nafouz.

– Moi aussi... je crois que c'est normal. Nafouz ? Pourquoi n'es-tu pas marié ?

– Tu sais, je ne suis pas de Shamsi... j'ai fait mes études à Narsham. Alors les femmes du village... elles n'aiment pas ceux de la ville ! Tu comprends ?

– Personne ne t'attend ? Quand... enfin... quand on reviendra, il n'y aura personne pour... ?

– Non ! Personne ! Je suis seul ! l'interrompit Nafouz, dans un souffle. Et... et toi ?

Nassim parla de Nadira. Jamais il ne s'était confié ainsi. Il le fit pour Nafouz, qu'il détestait tant. Au front, on ne choisit pas ses amis. A la caserne, les soldats n'ont que des grossièretés à la bouche et parlent des femmes avec des mots obscènes. Il se souvint des photos pornos que colportait son copain Khaled, au collège de Houmieh ; tous les gamins du quartier gloussaient devant les corps nus des putains, étalés sur le papier glacé des brochures interdites.

Mais Nadira. Nassim raconta Nadira. Les fossettes adorables qui creusaient ses joues. La peau soyeuse des seins qu'elle tentait en vain de protéger de ses caresses. Et l'apaisement qu'il avait trouvé auprès d'elle. Un apaisement tel qu'il aurait voulu mourir aussitôt. Lui, Nassim. A quatorze ans. Avant que la guerre ne vienne lui arracher son amour. Quand il eut fini de parler, il sentit la main de l'instituteur étreindre la sienne.

– Tu reviendras, Nassim, toi, tu reviendras. Je le sais ! murmura Nafouz.

– Toi aussi, tu reviendras, Nafouz ! Je... je crois qu'on va leur mettre la pâtée ! Hein ? Merde, j'ai encore renversé ta gourde !

Ils rirent en tâtonnant pour la récupérer.

Il était sans doute minuit passé quand un long frémissement agita le marais. Le capitaine Rachami, courbé en deux, bondissait de groupe en groupe. A demi assoupis après une attente si longue, les bassidj frissonnèrent. La consigne, transmise de bouche à oreille, ne laissait aucun doute quant à l'imminence de l'attaque.

On vit alors Afchine, dédaigneux du danger, se dresser sous le faible rayon de lune et circuler parmi les volontaires, un livre entre les mains, les invitant à le baiser pour implorer la miséricorde d'Allah. Tous, les uns après les autres, posèrent leurs lèvres sur le papier parcheminé du Coran.

– *Allah o Akhbar !*

L'invocation fut répétée des centaines de fois, telle une litanie qui semblait ne jamais devoir cesser.

– Section 1 ! Rassemblement !

Les bassidj, vigoureusement secoués par Mahmoud, se levèrent aussitôt. Le capitaine, glissant jusqu'à mi-cuisse dans l'eau noire, traça la route. Il suffisait de franchir quelques malheureux mètres pour s'arracher à l'emprise du marais et se retrouver au sec, à flanc de colline. Les volontaires de la première vague défirent le cordon du sac qui contenait leurs grenades dès qu'ils furent arrivés.

La deuxième vague, dirigée par Mouhamar, prit place en retrait, sur la plage tapissée d'algues moisies où grouillaient quantité d'insectes. Hassaïche, à la tête du troisième groupe, leur colla au train. Quant à Nassim, il croupissait toujours à la tête des siens dans la boue fétide, selon les ordres. A la simple promesse de quitter cette pataugeoire, les volontaires de Shamsi trépignaient d'impatience !

Tenant son précieux mégaphone au-dessus de la tête, Afchine s'extirpa à son tour de la gangue visqueuse et rejoignit le capitaine qui avait trouvé refuge à l'abri d'un bosquet.

Nassim, accroupi dans l'eau jusqu'à la taille, serrait ses deux grenades au creux des paumes.

– *Allah o Akhbar !*

Hurlé dans le mégaphone, le cri d'Afchine perça soudain la nuit.

– *Allah o Akhbar !* répondirent en écho les bassidj de la première vague en se lançant à l'assaut.

Durant quelques secondes, on n'entendit que le bruit mou de leurs pieds nus qui foulaient la terre sèche. Sautillant comme les djinns des contes que Nassim aimait tant lire autrefois, ils couraient avec allégresse, heureux d'être enfin délivrés de leur longue attente, et franchirent plus d'une trentaine de mètres avant que le sol ne se soulève sous leurs pas. A chaque explosion, une gerbe orangée trouait la pénombre.

Mahmoud. Ce fut le premier. Mahmoud le caïd. Le chef des bassidj d'Ahshan : soulevé de terre comme une vulgaire touffe d'herbe soufflée par le vent. Mahmoud dont le torse rebondit à plusieurs reprises sur les barbelés tendus à flanc de colline, tandis que ses jambes, arrachées par une lame tranchante, s'agitaient comme les pattes d'un poulet auquel on vient de trancher le cou. Puis Hosni, fauché par la même salve, Hosni qui se débattait dans les rouleaux de barbelés et s'y empêtrait davantage à chaque ruade. Puis Ashgar, le berger, qui courait de sa belle foulée vers les soldats de Saddam, Ashgar qui ne comprit pas pourquoi ses bras refusaient soudain de lui obéir. Ashgar qui courut encore, avant de sentir dans son dos une morsure bien pire que celle que les serpents du désert n'en infligeront jamais aux bergers imprudents. Ashgar qui s'affaissa enfin, le dos labouré par un éclat incandescent. Et Djamal qui, après avoir effectué un brusque demi-tour, dévalait à présent la colline, jambes écartées, les mains crispées sur son bas-ventre, en poussant des cris terrifiants.

– *Allah o Akhbar !* hurla encore Afchine.

Il avait réussi à se mettre à l'abri derrière un tronc d'arbre jeté en travers de la plage et rassemblait autour de lui les volontaires rescapés.

A son appel, la deuxième vague se lança à l'assaut. Piétinant les corps de ceux d'Ahshan, les bassidj de Tabroz gravirent la pente abrupte. Mouhamar, en quelques bonds, rejoignit le mollah. Les premiers assaillants, surpris par la violence du choc, se terraient à plat ventre, serrant contre eux les grenades qui, à cet instant, paraissaient totalement inutiles...

Du haut du parapet jaillirent soudain des bouquets de fusées éclairantes. Le marais, illuminé comme en plein jour, révéla le grouillement de soldats qui s'apprêtaient à suivre les bassidj, une fois le terrain dégagé. Nassim et les siens rampaient sur la plage et scrutaient le relief de la colline, comme si, d'un simple coup d'œil, ils avaient pu discerner le chemin qu'il fallait suivre pour arriver au but sans y laisser sa peau.

– Un champ de mines ! cria Nafouz, c'est un champ de mines !

Il s'agita, fouettant le sable autour de lui, épouvanté.

– Ta gueule ! hurla Nassim, après quoi il lui assena un violent coup de poing sur le nez.

A trente mètres devant eux, Afchine avait relancé l'attaque. Les volontaires couraient vers la crête, aveuglés par la lueur des fusées et, guidés par la sirène du mégaphone, sautaient par-dessus les rouleaux de barbelés. Chaque mètre franchi coûta la vie d'au moins l'un d'entre eux. Les mines à fragmentation, disposées en rangs de plus en plus serrés à mesure que l'on approchait de la crête, explosaient avec un bruit mat, dispersant alentour, à hauteur d'homme, une pluie cinglante d'aiguilles métalliques. Quand ils n'avaient pas les jambes arrachées par l'explosion, les volon-

tures étaient criblés par ces dards qu'ils enfonçaient

extraordinaire des rafales de sa Kalachnikov

taires étaient criblés par ces dards qui s'enfonçaient dans leur chair. Les défenseurs de la colline, que l'on distinguait parfaitement sous la lueur des fusées, avaient assisté au carnage sans même ouvrir le feu...

Le tour de la quatrième section arriva enfin. Groupés autour de Nassim, les volontaires de Shamsi bondirent par-dessus les cadavres, escaladèrent la pente, courant sans même réfléchir, droit devant. Ils subirent moins de pertes que les trois premières vagues et rejoignirent Afchine, toujours à l'abri derrière son tronc d'arbre. Ils se retournèrent et aperçurent Nafouz qui n'avait pas quitté la plage et gesticulait, sans se décider à avancer. C'est alors que les mitrailleuses ennemies entrèrent en action.

– Les grenades ! cria Afchine.

Il en saisit une et la lança de toutes ses forces. Elle atterrit devant le parapet de sacs de sable dressé par les soldats de Saddam.

– Trop court... constata Nassim.

– Il faut encore avancer de quelques mètres ! D'ici nous n'y arriverons jamais ! expliqua posément Afchine, qui faisait preuve d'un calme étonnant.

Nassim compta rapidement ses bassidj. Une dizaine gisaient en contrebas. Il y avait donc près de trente survivants.

Il lui sembla assister à cette scène sans y être impliqué... Il n'entendait plus les explosions ni les rafales des mitrailleuses. Pourtant, il pouvait voir l'impact des balles qui soulevaient des nuages de sable et, tout en bas de la colline, de grandes gerbes d'eau. Peut-être Afchine ressentait-il la même impression d'irréalité ? Et Hocine, et Ali, et Mohand, qui figuraient au nombre des rescapés ?

A cet instant, Nafouz poussa un long hurlement. Il s'était ressaisi et courait vers le parapet, comme à l'exercice, en tirant des rafales de sa kalachnikov.

– Debout ! cria Afchine.

Il s'élança aussitôt. La poignée de bassidj rescapés l'imita. A présent, ils pouvaient voir le visage horrifié des soldats de Saddam, tapis derrière les sacs de sable. Les grenades, ainsi que l'avait promis Afchine, accomplirent leur œuvre. En quelques secondes, les mitrailleuses furent réduites au silence.

Nassim avait lancé les siennes sans même calculer la trajectoire. Il sentit soudain un choc très violent, en pleine poitrine. Le souffle coupé, il s'affala face contre terre, sans oser le moindre geste. Ne pas avoir mal. Mourir, oui, mais ne pas avoir mal. Mourir comme Mahmoud, dans la seconde, mais surtout ne pas avoir mal.

Il n'avait pas mal. Et n'était pas mort. Il se retourna lentement. Une planche du parapet, arrachée par l'explosion d'une grenade, avait percuté sa poitrine. Il la serrait contre lui, dans un réflexe stupide, comme s'il se fût agi d'un bien des plus précieux.

Couché sur le dos, il assista sans bouger à la charge des commandos qui avaient quitté le marais et fonçaient à leur tour, sans redouter qu'une mine vienne stopper leur course. C'est à cela qu'ils avaient servi, eux, les volontaires. A anéantir ce champ de mort. Les soldats pouvaient avancer sans crainte, désormais. Les premiers d'entre eux avaient déjà bousculé les nids de mitrailleuses et d'autres suivaient, arrosant les casemates à coups de lance-flammes.

Nassim vit les mécréants, transformés en torches vivantes, galoper vers le marais. Et d'autres mourir transpercés par les baïonnettes. Et d'autres encore, hachés par les rafales de kalachnikov tirées à bout portant. Une odeur sauvage flottait sur le champ de bataille ; une odeur mêlée d'effluves de sang, de poudre, de remugles des marais.

La victoire. C'était la victoire. Grâce aux volontaires qu'Allah accueillerait dans son paradis, le régiment allait reprendre les collines de Toudiah. Demain, à Téhéran, et dans toutes les villes, dans tous les villages du pays, on célébrerait le sacrifice des bassidj.

– Je vis, je suis vivant... sanglota Nassim.

Il serrait toujours sa planche, comme un trophée ridicule, et tournait la tête de droite à gauche. Hocine gisait à ses côtés. Sans visage. Une bouillie immonde. C'était bien Hocine, pourtant. Et plus loin Mohand. Mohand, ce cadavre au torse déchiré par les impacts de balles explosives ? Oui, Mohand. Il tenait encore sa grenade dans la main droite.

Nassim frissonna longuement. Il se décida à abandonner sa planche. Mais elle ne voulait pas le quitter et semblait lui coller à la peau. Il dut l'arracher d'un geste violent et comprit à cet instant qu'un clou s'était profondément enfoncé dans sa poitrine ; il l'extirpa lentement, les mâchoires crispées, puis se mit à genoux.

Le combat se poursuivait sur les collines. Les fusées avaient cessé leur sarabande et seule la lune éclairait les mamelons truffés de fortifications. De nouveaux groupes de soldats arrivaient encore ; ils sautaient le parapet sans se soucier des blessés étendus sur leur route, tiraillaient à l'aveuglette, piétinant les cadavres, achevant les impies qui agonisaient dans les casemates. Ces mêmes impies qui avaient assisté à la mort de dizaines de bassidj, retranchés derrière la barrière de leur champ de mines...

Nassim avança à quatre pattes. Une arme. Il voulait une arme. Une arme à lui, une vraie. Il faillit se brûler la main en touchant le canon d'une AK 47 abandonnée dans le sable. Celle de Nafouz.

L'instituteur gisait près du parapet, adossé contre une pile de sacs de sable déchirés, et restait figé, les mains jointes sur son ventre. Par intermittence, Nassim distinguait son visage crispé sous la douleur, quand l'explosion d'un obus l'illuminait soudain.

Il s'empara de la kalachnikov et vérifia qu'elle fonctionnait en tirant une rafale vers le ciel. La courte flamme qui jaillit du canon lui procura une vive joie. Une arme, il détenait enfin une arme, une arme qui lui permettrait de se défendre et non pas simplement de mourir, comme ç'avait été le cas avec les grenades généreusement octroyées par Afchine !

– Nafouz ! Nafouz, tu m'entends ? cria-t-il en giflant l'instituteur.

Le visage du blessé, ballotté de droite à gauche, n'exprimait qu'une douleur muette, intense. Avec des gestes empreints de prudence, Nassim palpa le corps et les membres, à la recherche d'une blessure. Sans résultat. Il dénoua alors l'étreinte des mains que Nafouz tenait si serrées contre son ventre et, à tâtons, poursuivit son investigation.

Il sentit contre ses paumes le contact gluant d'une matière molle, visqueuse et malodorante, et se rétracta, épouvanté. Nafouz s'anima d'un sursaut, agrippa les poignets de Nassim et plaqua les mains de son compagnon sur sa blessure. Réprimant une violente nausée, Nassim s'abandonna. Leurs visages se touchèrent.

– Tue-moi ! Tue-moi ! bredouilla Nafouz. De toute façon, je vais crever !

– Les secours, ils vont arriver... bientôt ! balbutia Nassim, sans que Nafouz puisse l'entendre. On va rentrer à Shamsi !

– J'ai mal ! J'ai mal ! hurla l'instituteur.

– Arrête ! Arrête ! supplia Nassim. Je te dis que les secours vont venir ! Regarde !

Il n'y avait rien à voir. Ils étaient entourés de cadavres.

– Salaud, Nassim ! C'est par ta faute que je vais crever ici !

Nassim voulut le faire taire et pressa sa main, couverte de merde et de sang, sur la bouche du mourant. Nafouz le mordit à pleines dents, et, dans le même mouvement, l'attira de nouveau contre lui.

– Toi, tu vas rentrer à Shamsi... murmura-t-il à son oreille. Tu leur diras, là-bas, tu leur diras...

Il se raidit sous la douleur. Nassim perçut contre sa peau le grouillement immonde des intestins de Nafouz qui s'échappaient à présent de la blessure béante.

– Vite ! supplia Nafouz. Tue-moi ! Vite, ça fait trop mal !

Sans plus réfléchir, Nassim s'arracha à son étreinte, épaula la kalachnikov et l'acheva. Alors qu'il eût suffi d'une seule balle, il s'acharna sur ce corps pantelant, tirant rafale sur rafale, et épuisa tout le chargeur, indifférent aux éclaboussures sanglantes qui l'atteignaient au point de l'aveugler. Il éprouvait un plaisir extrême à ce déchaînement, jouissait de la puissance de l'arme, et riait sans retenue, les yeux clos, la tête rejetée en arrière. Quand l'AK 47 refusa de lui obéir, il changea le chargeur et parcourut la colline, d'une démarche saccadée, à la recherche d'autres agonisants. Mais tous étaient déjà morts. Il n'y avait plus de souffrance à soulager. Afchine lui-même, dont le corps à demi calciné se dressait près du parapet, embroché sur un pieu, était sans doute parvenu jusqu'au paradis d'Allah. Nassim redescendit vers la plage en serrant son fusil d'assaut contre lui.

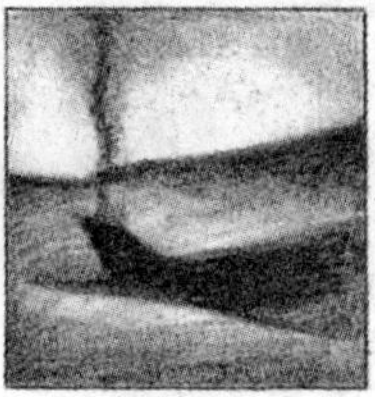

7

Agenouillé dans l'eau du marais, il resta prostré, partagé entre le soulagement d'avoir survécu au massacre et la honte de se retrouver seul, alors que tant d'autres avaient péri. Ils ne furent que quelques-uns à se relever de la tuerie, errant sur la colline, hébétés, à la recherche d'un copain parmi les cadavres. Bien mal leur en prit ; quelques mines sournoises qui s'étaient retenues d'exploser durant l'assaut crachèrent leur fiel, décimant les rescapés... Nassim ne détourna même pas la tête.

Vivant, il était vivant. La mort n'avait pas voulu de lui. Elle l'avait dédaigné, hautaine, indifférente à sa volonté de se soumettre au destin qu'Afchine et les siens avaient prévu à son intention... *Allah o Akhbar !*

A Shamsi, à Téhéran, à Tabroz, du haut des minarets, les mollahs appelaient sans doute les fidèles à la prière. Ils s'agenouilleraient et prieraient, tournés vers La Mecque. Et là-bas, si loin, la *Pierre noire*[1], enfouie au fond de la Kaaba, dormait dans son écrin. Mais ici,

1. Relique vénérée par les musulmans.

au pied des collines de Toudiah, qui se souciait de la Pierre noire ? Mahmoud ? Mouhamar ? Hocine ? Ali ? Ou Nafouz ? Tous avaient rencontré l'imam Zahran, juché sur son cheval blanc, et il les avait guidés vers des contrées paisibles, plus resplendissantes que les roses d'Astrahan, plus douces que le miel...

La bataille se poursuivait sur les collines. Des soldats du Génie arrivaient en nombre, portant du matériel destiné à étayer la solide tête de pont que le régiment venait de conquérir. Ils passaient devant Nassim sans même le regarder mais, quand ils découvraient les dizaines de cadavres de bassidj qui gisaient un peu plus haut, ils marquaient un temps d'arrêt, puis se hâtaient aussitôt, pressés de quitter les lieux.

Au petit matin, Nassim n'avait pas bougé. Sa blessure le faisait souffrir. Le point douloureux, situé dans son flanc droit, irradiait dans les bras, le cou. Il se décida enfin à poser sa kalachnikov et à examiner son torse. En pénétrant entre les côtes, le clou avait déchiré la chair et l'infection n'avait pas tardé à boursoufler la plaie. Une longue rigole de pus jaunâtre s'écoulait sur son ventre.

Il se redressa, ramassa son arme et marcha jusqu'à l'antenne de secours que l'on avait installée dans un bunker, sur la crête. D'autres soldats attendaient qu'on les y admette et, regardant leurs blessures, bien plus graves que la sienne, il renonça à prendre place dans la file. Sa kalachnikov sur l'épaule, il marcha au hasard et découvrit ces collines pour la conquête desquelles ses copains étaient morts. Quelques arbres rabougris, un maquis calciné, parsemé de tas d'ordures puantes, des pistes de sable encombrées d'un bric-à-brac guerrier dans lequel maraudaient les soldats, à la recherche de nourriture et de vêtements secs... Il les imita, et déchaussa un cadavre, celui d'un lieutenant ennemi, pour récupérer ses rangers. Puis il poursuivit sa route, au hasard, récupéra des chargeurs, en grand nombre, qu'il enfournait avec avidité dans une musette. A plusieurs reprises, on lui proposa à manger mais il déclina l'offre.

Il assista au sinistre ballet des fossoyeurs qui entassaient les corps dans des tranchées creusées à la hâte avant de les brûler au lance-flammes.

– Ne reste pas là ! cria le sergent qui dirigeait l'escouade. Ce n'est pas pour toi...

– Va te faire foutre ! répliqua calmement Nassim.

– On est obligés... marmonna le sergent. Il y en a des centaines, on ne peut pas les laisser pourrir ici, ni les jeter dans le marais...

– Va te faire foutre ! répéta Nassim, et il empauma fermement la crosse de sa kalachnikov.

– Allez, va-t'en ! insista le sergent, sans trop y croire.

Nassim n'obéit pas et s'assit sur une souche, près de la fosse, indifférent à la puanteur de la chair brûlée que l'air tiède et humide du marais plaquait à ras du sol. Il était vivant, il voulait voir.

Au milieu de l'après-midi, alors que les nouveaux maîtres des collines de Toudiah semblaient enfin prendre leurs aises dans leurs quartiers, de sourds grondements déchirèrent le silence, en provenance du sud.

Nassim distingua les avions qui volaient en rase-mottes au-dessus des marais et se dirigeaient droit sur les collines. Les soldats qui goûtaient leur repos autour des casemates y plongèrent aussitôt, tandis que les servants des batteries antiaériennes prenaient place sur leurs engins et ajustaient précipitamment la hausse des canons.

Nassim resta assis près d'un arbre. Pourquoi se terrer dans un de ces réduits que, de toute façon, les avions de Saddam allaient pulvériser ? Il avait survécu à la traversée du champ de mines, mais peut-être, cette fois-ci, l'imam Zahran daignerait-il lui faire signe ?

En quelques minutes, ce fut comme si la nuit était brusquement tombée. La poussière soulevée par les bombes était telle qu'on n'y voyait pas à cinq mètres. Les artilleurs étaient parvenus à ajuster leur tir et quelques avions avaient terminé leur course dans les marais, mais les escadrilles ennemies se regroupaient sans cesse, pour larguer leurs bombes au jugé. Certains pilotes narguaient même l'adversaire en effectuant des figures audacieuses, basculant d'une aile sur l'autre avant de prendre de l'altitude et de piquer à nouveau sur la crête des collines.

Nassim n'entendait plus rien. Ni le rugissement des réacteurs, ni les coups sourds tirés par les batteries de défense. Il s'adossa au tronc de l'arbre et savoura ce silence soudain.

Alentour, la panique avait gagné les vainqueurs de la nuit. Saddam disposait d'une aviation puissante, alors que l'armée de Téhéran en était dépourvue. Les rares escadrilles qu'elle avait pu préserver étaient affectées à la défense des villes de l'arrière ; les stratèges qui entouraient le Guide se gardaient bien de les engager dans des batailles par avance perdues...

Tassés dans leurs abris, les soldats encaissaient le choc, sans espoir. Ils savaient cependant qu'après cet ouragan l'infanterie de Saddam devrait à son tour croupir dans les marais et se lancer à l'assaut. Alors, du haut des crêtes, on lui réserverait un accueil meurtrier...

Quand les avions eurent accompli leur besogne, il ne restait plus sur les collines de Toudiah que quelques centaines de combattants hagards, terrés au fond de leurs boyaux, parmi les morts et les blessés. Les officiers se regroupèrent sur le point culminant de l'île et scrutèrent les marais à la jumelle.

Ils étaient déjà là. Les groupes d'assaut de Saddam. Tapis dans les marais, équipés de neuf, prêts à reprendre ces collines qu'ils avaient abandonnées à trois reprises.

A la hâte, les rescapés du bombardement restaurèrent ce qu'il restait des casemates et s'apprêtèrent à se venger le plus durement possible. Nassim fut invité à se joindre à eux et se retrouva derrière un parapet, aux côtés du sergent qui avait tenté de l'éloigner des fosses où l'on brûlait les cadavres, quelques heures auparavant. Il avait disposé ses chargeurs près de lui, avait calé sa kalachnikov entre deux sacs de sable et, l'œil rivé sur la fente du viseur, balayait le marais, l'index crispé sur la détente.

Un des mollahs détachés auprès du régiment se dressa alors sur la ligne de fortification et leva les bras vers le ciel. Une bordée d'injures des plus crues salua son apparition.

– Fous-nous la paix ! hurlaient les soldats qui ne se faisaient guère d'illusions quant à leur sort.

Ils acceptaient de mourir, mais sans s'embarrasser de ses exhortations à la prière. Malgré ces cris, le religieux ne capitula pas et tança les survivants du bombardement. Une longue rafale d'AK 47 le contraignit à interrompre ses gesticulations. Il plongea derrière le parapet et ne réapparut pas. Nassim éjecta le chargeur usagé et en introduisit un nouveau dans la culasse.

– Tu as bien failli l'abattre, ce salaud, bravo, petit ! ricana le sergent.

Entassés dans la tranchée, les soldats qui entouraient Nassim le félicitèrent à grand renfort de bourrades pour son geste salutaire. Ils lui parlaient tous à la fois, hilares malgré le danger, et lui serraient la main. Nassim leur sourit sans les comprendre. Depuis le bombardement, il se délectait de sa surdité qui agissait comme le plus efficace des remparts face à la peur. Plus de cris, plus de râles, plus de supplications. Voir, seulement voir, assister au spectacle de sa mort prochaine sans subir les boniments des marchands de supplice. Comme la piétaille réunie sur les collines de Toudiah, il était prêt au sacrifice mais ne voulait plus qu'on le soûle de paroles inutiles.

Le marais, contre toute attente, restait silencieux. Pas le moindre clapotis. Pas le moindre frémissement dans les touffes de roseaux. Puis, dessinant de larges cercles concentriques à la surface de l'eau, les pales d'un hélicoptère brassèrent l'air moite et saturé de poussière. Il s'approcha par le flanc sud et prit de l'altitude, tanguant avec lourdeur. De part et d'autre du fuselage s'échappèrent bientôt deux nuages symétriques, jaune sombre, moirés de roux, qui descendirent avec une lenteur majestueuse, jusqu'à napper les collines d'une vapeur des plus épaisses. L'hélicoptère vira ensuite et s'éloigna en direction du sud.

C'était la première fois que les impies se livraient à ce curieux manège ; aussi les soldats de Téhéran tardèrent-ils à réagir. Les soldats embusqués aux avant-postes jaillirent de leurs tranchées comme si des essaims de guêpes les avaient poursuivis... Ils couraient en se tenant la gorge, puis tombaient à genoux, avant de se griffer la poitrine, arrachant pour cela leur vareuse, abandonnant fusil, casque et cartouchière... Ils se traînaient enfin, la bouche souillée de vomissures, raclant la terre de leurs ongles, avant de succomber dans des spasmes d'une grande violence.

Épouvantés, les défenseurs des collines voyaient le nuage mortel s'approcher d'eux. Il s'éparpillait en volutes que le vent poussait au hasard, et menaçait d'atteindre un à un tous les bosquets, tous les abris. Ce fut la débandade. Bondissant hors des casemates, les soldats dévalèrent la pente qui menait au marais. Les blessés qui ne pouvaient plus marcher suppliaient qu'on les emmène, en vain.

Nassim galopait lui aussi, n'obéissant qu'à l'instinct de survie. Il avait abandonné son arme et, comme les autres, il pataugea dans la vase, s'y enlisant jusqu'aux genoux. La faible profondeur interdisait de nager. Une autre épreuve attendait les fuyards. Des barques à moteur surgirent des rares îlots qui émergeaient du marais : le visage protégé par des masques à gaz, les soldats de Saddam ouvrirent le feu.

Nassim vit d'autres soldats mourir, sans même songer à répliquer au tir, la bouche tordue dans un long cri qu'il n'entendait pas. Il parvint à s'éloigner des collines de quelques centaines de mètres et progressait à genoux, s'agrippant aux tiges des roseaux, plongeant la tête sous l'eau quand les balles sifflaient à ses oreilles. Les barques le dépassèrent bientôt. Il enrageait d'avoir laissé sa kalachnikov sur la plage, et fixait, l'écume aux lèvres, le dos des impies qu'il aurait pu liquider d'une simple rafale. Tuer, tuer, massacrer jusqu'à l'ivresse, il rêvait de devenir bourreau.

Épuisé, il cessa de barboter dans le marécage et se hissa au sec, après avoir trouvé refuge à l'abri d'un amas de grosses lianes rongées par la moisissure. Il reprit lentement son souffle et, écartant les branches de roseaux qui formaient un tapis des plus drus, il aperçut au loin les troupes de Saddam reprendre pied sur les collines. Les soldats, tous équipés de masques à gaz, restauraient les casemates que les bombes de leur propre camp avaient détruites. D'autres parcouraient la plage, actionnaient leur lance-flammes, brûlant les corps que l'ypérite avait raidis dans la souffrance...

Les acteurs avaient changé, mais on jouait la même pièce.

A la nuit tombée, Nassim n'avait toujours pas quitté sa cachette. Poussés par les courants qui agitaient le marais, des cadavres étaient venus flotter près de lui et, tant bien que mal, il avait pu récupérer quelques boîtes de ration, un pistolet de gros calibre avec trois chargeurs, une dague et une vareuse ainsi qu'une paire de jumelles. Il se remit en marche vers le nord, guidé par le quartier de lune qui luisait dans la pénombre du marais. La mort n'avait pas voulu de lui.

Après plusieurs heures d'errance, il sentit la faiblesse le gagner. Les balles, les obus, les gaz eux-mêmes l'avaient épargné mais un vulgaire clou accroché à une planche menaçait de venir à bout de sa résistance... La douleur, implacable, lui brûlait la poitrine. Secoué de frissons, il glissait souvent la main sous sa vareuse pour palper la blessure. Il en percevait la chaleur, la palpitation sous ses doigts gourds, effleurait de la pulpe de l'index les berges de la plaie et la pressait en grimaçant pour en évacuer les glaires. Il lui sembla qu'une bête malfaisante s'était accrochée à lui et rongeait sa chair affaiblie. L'eau du marais, infestée de mille pestilences, baignait la blessure depuis si longtemps...

Nassim se gava des rations qu'il avait dérobées sur les cadavres et s'acharna à demeurer éveillé malgré l'intense fatigue. Ne pas sombrer, ne pas céder au sommeil... Les tempes battantes, le front brûlant, il poursuivit son périple pitoyable. Il croyait revivre un cauchemar de son enfance. Enfermé dans un tunnel sans issue, il tentait de desceller les pierres qui l'emmuraient tandis que la voix de son père le suppliait de redoubler d'efforts.

8

C'est ainsi que le découvrirent les membres d'une des patrouilles de reconnaissance que l'état-major avait dépêchées vers les collines de Toudiah.

Fouillant la boue avec des gestes convulsifs, projetant de pleines poignées de vase vers le ciel, le bassidj Nassim, ivre de rage mais surtout de fièvre, se démenait contre un invisible ennemi, seul dans l'étendue visqueuse du marais.

Il fallut le ceinturer, lui faire vomir de force l'eau noire qu'il avait avalée, lui arracher le poignard dont il menaçait ses sauveurs, brûler les sangsues qui le couvraient des pieds à la tête, avant de le coucher sur une civière, pantelant, vaincu par la fatigue. Par la seule fatigue.

Il s'éveilla dans un hôpital situé à quelques kilomètres à l'est d'Hostandjar. Les avions de Saddam s'acharnaient à survoler la ville en escadrilles serrées, mais l'écho des bombardements, ténu, ne parvenait pas à troubler la quiétude des lieux. Des draps blancs, un bouquet de fleurs, un rayon de soleil, et même les senteurs âcres des antiseptiques, tout concourait à faire renaître l'espérance.

Quand il ouvrit les yeux, Nassim vit une rangée d'officiers penchés à son chevet. Il distingua la figure sombre d'un mollah et celle d'un général chenu qui s'efforçait de sourire. Puis l'aréopage galonné se déplaça sur la gauche, afin de réconforter un autre rescapé dont les membres enrubannés de pansements formaient un amas blanchâtre, à vrai dire grotesque, comme une poupée façonnée par un enfant qui joue avec des chiffons.

Nassim ferma les yeux, à l'écoute des battements de son cœur. Les pulsations, régulières, puissantes, l'emplirent d'une joie sans égale. La vie coulait dans ses veines, insolente, impétueuse, et l'imam Zahran pouvait bien caracoler sur son cheval blanc, jamais il ne parviendrait à l'entraîner dans sa parade mortelle.

Après que les officiers eurent quitté la salle, une infirmière au visage voilé se pencha sur le lit. Elle rabattit le drap et posa ses mains sur la poitrine de Nassim, dans un geste d'apaisement. Puis elle attira à elle le chariot qui contenait les instruments de soin et, avec précaution, entreprit de défaire le pansement qui barrait le torse du blessé. Nassim s'abandonna et serra les dents quand elle appliqua une compresse d'éther sur la plaie. Puis il se redressa et se délecta du spectacle de ces mains agiles qui s'affairaient pour soulager sa souffrance.

L'infirmière poursuivit ses investigations, à la grande surprise de Nassim. Ses jambes, ses hanches, son ventre étaient couverts d'abcès ; à la suite du séjour dans les marais, l'infection avait ravagé son corps. Il avait envie de parler mais fut incapable d'articuler le moindre mot. Il n'entendait rien et en était réduit à guetter le moindre signe de connivence dans le regard de cette femme, qui posa un doigt sur ses lèvres brûlantes et agita la main en guise d'adieu.

Muré dans son silence, Nassim la vit poursuivre son office auprès des blessés qui occupaient les lits voisins. Il redoutait la vague de détresse qui allait le submerger dans la minute qui suivrait, mais il se sentit soudainement heureux. Il était un soldat blessé qu'on venait soigner, un pauvre soldat à qui on manifestait une tendresse mêlée de reconnaissance. Ces mains de femme, il les avait tant méritées ! A présent, pleurer était son droit.

Dans les jours qui suivirent, l'infirmière revint s'occuper de lui, le matin et le soir. Ils purent enfin échanger quelques paroles. Elle l'écoutait, assise sur le rebord du lit, penchant doucement la tête de côté. Il devinait le frémissement de ses lèvres sous la transparence du voile et n'osait lui demander de lui laisser voir son visage.

Elle lui confia un bloc-notes sur lequel il écrivit le nom de Nadira. Il ajouta quelques renseignements qui permettraient sans doute de retrouver sa trace. L'infirmière empocha les feuillets et s'en fut en agitant délicatement ses longs doigts fuselés, comme elle en avait l'habitude chaque fois qu'elle quittait la chambrée.

Une semaine s'écoula. Nassim avait repris des forces. Il envoya une lettre à sa tante Kadidja pour lui dire qu'il ne souhaitait pas rentrer à Shamsi : en aucun cas il ne voulait côtoyer les fantômes qui y erraient. A Téhéran, l'armée l'aiderait à trouver un travail et il se débrouillerait tout seul. On ne refusait rien à un bassidj.

Il tenta de raconter sa « campagne », mais ne parvint pas à en restituer toute la sauvagerie. Des torrents de mots grondaient dans sa tête, qu'il n'ordonnait qu'à grand-peine. Il assura Kadidja de toute son affection et conclut sa lettre par la promesse de venir lui rendre visite au village, plus tard...

Tous les matins, il attendait avec la plus grande impatience la visite de son amie.

– *Nadira est revenue à Houmieh !*

Quand l'infirmière lui fit part de la nouvelle à l'occasion des soins quotidiens, il fut pris de vertige. Ainsi il allait la revoir ! Elle était à lui, à lui, Nassim ! Qu'ils viennent donc, les mollahs, lui interdire de vivre son amour, qu'ils osent, ne serait-ce qu'une seconde, se dresser en travers de son chemin ! Il étreindrait son aimée, lui donnerait des enfants qu'il appellerait Hocine, Ali, Mouhamar, en souvenir de tous les gosses suppliciés sur le champ de mines de Toudhia !

L'infirmière, à l'aide d'une compresse, essuya les larmes qui coulaient sur ses joues, puis elle l'aida à se lever et l'accompagna jusqu'à la fenêtre.

– Pourquoi ne m'écrit-elle pas ? demanda-t-il. Et comment a-t-elle pu quitter l'orphelinat ?

– Un gérant a repris la boutique de son père et a accepté d'être son tuteur... Il l'a autorisée à s'installer chez elle. Elle est seule, Nassim, seule !

– Je lui ai écrit des dizaines de lettres... soupira-t-il.

L'infirmière lui montra les vergers qui entouraient l'hôpital. Il bomba le torse, aspirant à pleins poumons cet air gorgé des effluves du printemps, et resta immobile. Flottant sous le tchador immaculé, l'ange qui l'avait aidé à regagner le monde des vivants avait déjà disparu.

Il dut patienter une semaine encore puis on lui affecta une place dans un convoi qui rassemblait les blessés pour les rapatrier vers l'arrière, faisant halte dans chaque garnison. Il passa même une nuit au camp de Tanshora et assista au défilé des nouveaux volontaires. Il aurait tant voulu leur parler ! A quoi bon ? Ils marchaient au pas cadencé, leur sac de grenades passé autour du cou, et ne rêvaient que de gloire... Les nouveaux bassidj avaient été dotés d'un masque à gaz qui brinquebalait dans son étui, accroché à leur ceinture. Il renonça.

Quand le convoi pénétra dans les faubourgs de Téhéran, Nassim eut l'impression que la ville avait beaucoup changé. Pourtant c'étaient bien les mêmes avenues, les mêmes enfants crasseux qui jaillissaient des ruelles de Slaïdi ou de Bordj el Kifran, et couraient après les camions, les mains tendues vers les soldats qui leur lançaient des sucreries, des boîtes de soda. C'était bien la même place Sephah, populeuse et chamarrée... Comme ses compagnons, il sauta à bas de la plate-forme et, son baluchon sur l'épaule, fendit la foule pour aller boire un verre dans une taverne, comme un vrai soldat. Il s'aperçut alors qu'on s'écartait sur son passage et que les passants évitaient de croiser son regard. Au début de la guerre, massés sur les trottoirs, ces mêmes badauds applaudissaient les bataillons qui partaient pour le front. Aujourd'hui, ils baissaient les yeux devant ce combattant de quatorze ans...

La bigarrure des étals des marchands, le bitume ramolli par la chaleur, l'air saturé de poussière, la pétarade des motos mille fois rafistolées, c'était cela, Téhéran. Mais plus personne n'était heureux d'y vivre.

D'un pas lent, savourant sa joie, il s'engagea dans les rues plus tranquilles de Houmieh. C'était le milieu de l'après-midi et le quartier somnolait, comme avant son départ. Il leva les yeux vers les terrasses garnies de plantes grasses, huma l'odeur si piquante du torshi qui marinait dans les grosses jarres, écouta le chant des oiseaux. Chez lui : il était revenu *chez lui*. Pour retrouver sa femme. Les mollahs ne pourraient refuser de les marier. Lui, un bassidj, elle, l'orpheline d'un combattant ? Allons donc !

Après qu'il eut agité la clochette de la porte d'entrée de la maison de Mostépha, près d'une minute s'écoula avant qu'il n'entende des pas furtifs, de l'autre côté du muret.

– Nadira ? souffla-t-il, le cœur battant.

Il entendit sa voix, enfin. Elle avait crié de surprise avant de lui répondre.

– Nassim... il ne faut pas ! Va-t'en !

– Nadira. Ils ne peuvent rien contre nous ! affirma-t-il d'une voix forte.

– Va-t'en ! Va-t'en ! supplia Nadira.

Elle pleurait, là, tout près de lui. Il appuya son front contre la porte et, de toutes ses forces, se mit à marteler le bois orné de ferrures torsadées.

– Je te jure que je vais t'emmener ! Nadira ! N'aie pas peur ! Ils ne peuvent rien contre nous ! Rien !

– Va-t'en, va-t'en, Nassim... répéta-t-elle dans un sanglot.

– Si tu n'ouvres pas, j'escalade le mur !

La porte pivota lentement sur ses gonds. Ils se faisaient face, les bras ballants, elle, enveloppée dans son voile, lui, mal fagoté dans l'uniforme trop grand qu'on lui avait donné à l'hôpital.

– Nadira, si tu savais... murmura-t-il sans parvenir à terminer sa phrase.

Il aurait voulu lui dire qu'il avait vu l'image de son corps flotter dans le brouillard des marais, l'éclat de ses yeux qui le suppliaient de se sauver quand l'hélicoptère avait exhalé son gaz mortel.

Et tes mains, Nadira, me soutenaient, me portaient

pendant la fuite, parce que j'ai fui, j'ai eu peur de mourir, tous les soldats ont peur de mourir, et je suis un soldat ! Et ta voix, Nadira, c'est ta voix qui m'encourageait à mettre fin aux souffrances de ce crétin de Nafouz ! C'est tout cela que je te raconterai, plus tard, quand je pourrai parler, mais maintenant, je t'en prie, embrasse-moi.

Il ouvrit les bras pour qu'elle s'y blottisse. Il y avait tant de force dans son appel qu'elle ne put y résister. Pourtant, après quelques secondes d'abandon, elle s'arracha à lui et courut vers la maison. Il la poursuivit et saisit son bras, la contraignant à lui faire face de nouveau.

– Pourquoi ? cria-t-il. Pourquoi ?

Alors, de ses mains tremblantes, elle dénoua son voile. Horrifié, Nassim serra les poings, fou de douleur.

– Tu es la même, Nadira ! balbutia-t-il d'une voix qu'il voulait assurée. La même ! Rien n'a changé !

Ils étaient étendus côte à côte, sur le grand lit. Nadira effleurait doucement la cicatrice encore sensible qui barrait le flanc de son soldat, son soldat à elle, son soldat qui avait souffert. Elle le caressait avec une tendresse folle, désespérée. Nassim la serrait contre lui, et n'osait soulever le tchador qu'elle avait rabattu sur son visage trempé de sueur, ce visage meurtri qu'elle s'obstinait à tenir niché au creux de l'épaule de son amant.

– Comment ça s'est passé ? demanda-t-il à voix basse.

Il attendit un long moment avant qu'elle ne se décide à répondre. Puis elle parla, par phrases courtes, hachées.

– Ils m'ont emmenée à l'orphelinat. Quelques centaines de filles. Les dortoirs, les surveillantes qui nous

criaient dessus. Un jour, ils ont dit qu'il fallait porter des fleurs aux combattants du front. On est parties dans un autocar. Pour Nartoub. Il y avait beaucoup de blessés. On a distribué nos fleurs. Et puis...

– Et puis ? insista Nassim en la serrant plus fort encore.

– Les avions... les avions sont arrivés !

– Les bombes au phosphore ?

– Oui. Au phosphore.

– Raconte ! supplia Nassim.

– Il n'y avait plus de fleurs. L'autocar allait démarrer. Alors le feu...

– Dis-moi, Nadira, dis-moi !

– La vitre, je n'arrivais pas à casser la vitre ! Il y avait des flammes, partout !

– Dis-moi, Nadira, dis-moi !

– Je ne me souviens plus... A l'hôpital, ils m'ont enroulée dans de la gaze, avec des pommades... Ils croyaient que je ne les entendais pas. Ils disaient que j'allais mourir. Que ça valait mieux, peut-être. C'est ce qu'ils disaient, Nassim. Et je pensais à toi, je croyais que tu ne reviendrais jamais. Plus tard, j'ai reçu tes lettres. J'aurais tant voulu te répondre, mais quand je me regardais dans le miroir...

– Rien n'est changé, Nadira !

– Il faut que tu partes, Nassim. Va-t'en !

Elle s'était soudain dégagée de son étreinte et, assise au bord du lit, lui tournait le dos. Il la saisit alors par les épaules et, d'un geste brusque, lui arracha son voile.

Au même moment, à Paris, les voyageurs pestaient contre la grève des autobus. A New York, un ouvrier docker glissa sur une flaque d'huile et se cassa une jambe. A Londres, un professeur sexagénaire apprit qu'il allait être grand-père. Dans un bar de Rome, deux financiers, navrés par la dévaluation de la lire, noyaient leur chagrin dans l'alcool. A Sydney, c'était l'heure de la sortie de l'école.

Partout sur le front, ce soir-là, à Hostandjar ou dans le désert d'Ormaz, des bassidj périrent en grand nombre. Écrasés sous une pluie d'obus, asphyxiés par l'ypérite ou achevés à coups de baïonnette. Peu après minuit, la Sixième Armée réussit enfin à reconquérir les collines de Toudiah.

FOLIO JUNIOR ÉDITION SPÉCIALE

Thierry Jonquet

Un enfant dans la guerre

Supplément réalisé par
Isabelle Milkoff
et Edith de Saxcé

Illustrations de Johanna Kang

SOMMAIRE

L'AUTEUR PARLE DE SON LIVRE

1. AU FIL DU TEXTE (p. 135)

Vingt questions pour commencer
A propos du titre
Un prologue en première page
Shamsi, Téhéran
L'arrivée des soldats
L'enrôlement
Les voleurs de rêve
Nassim : portrait bilan
Guerre et paix. *Bellum et Pax*
Prisonnier dans la nasse
L'entraînement
Une guerre de religion
Le combat
Le ballet des fossoyeurs
La croisade contre les méchants
La durée de l'histoire
Le récit ou l'accalmie
La cruauté
L'épilogue
Protestants et catholiques
Un roman d'apprentissage

2. LE DOSSIER IRANIEN (p. 148)

La carte de l'Iran
Présentation des protagonistes
Les personnages historiques
Questions d'histoire
Quelques dates
La chute du Shah et l'instauration
de la république islamique
Les événements de la révolution
La guerre Iran-Irak
Vrai ou faux
La guerre vue par la presse
Une religion : l'islam

3. SOLUTIONS DES JEUX (p. 159)

L'AUTEUR PARLE DE SON LIVRE

– Qu'est-ce qui vous a poussé à écrire ce livre ?

– A la demande de Claude Gutman, le directeur de la collection « Page Blanche », qui avait publié un texte sur une histoire de guerre, *La Maison vide*, j'ai eu envie de parler d'une guerre moderne. J'ai pensé à la guerre Iran/Irak qui avait la particularité d'avoir été, du côté iranien, menée en partie par des enfants.

– La guerre Iran/Irak est donc bien le thème du livre ?

– Tout à fait. Mais je n'ai pas fait un travail d'historien. J'y ai d'abord songé mais j'ai renoncé parce que je ne suis pas un spécialiste. Je ne voulais pas raconter n'importe quoi. J'ai donc conçu deux pays imaginaires qui ressemblaient fortement à l'Iran et à l'Irak. J'ai bâti le livre uniquement d'après mes souvenirs de lecture de la presse de l'époque. Au moment de la guerre, j'avais lu assez attentivement, et je n'ai rien recherché ensuite,

j'ai imaginé uniquement à partir des souvenirs de lecture et des bandes d'actualité du journal télévisé.

– Le livre est donc fondé sur la mémoire de la guerre, de cette guerre-là ?

– Oui, cette guerre-là, qui était une espèce de guerre de 1914 d'aujourd'hui, une guerre de tranchées et de plus avec des enfants. Au départ, je ne voulais pas désigner les pays par leur nom réel. Tous les noms sont complètement inventés mais Claude Gutman m'a suggéré de les citer tellement il était évident qu'il s'agissait de l'Iran et de l'Irak. J'ai réintégré certains noms repères comme Téhéran, tout en gardant un mélange de fiction et de réalité. L'offensive qui est décrite est celle qui eut lieu effectivement contre Bassorah, dans la zone des marais.

– Des deux belligérants, l'Iran n'est-il pas le pays le plus visé ?

– Oui puisque du côté irakien c'était une guerre classique, alors que du côté iranien il y a vraiment eu une grande mobilisation populaire et les enfants eux-mêmes furent envoyés au front.

– Est-ce simplement le fait que l'Iran ait envoyé les enfants au front, ou autre chose que vous avez voulu dénoncer ?

– Autrefois, dans les armées napoléoniennes, des jeunes gens étaient enrôlés dans les mêmes conditions... C'est donc là une espèce de survivance d'un autre temps pour nous, pour eux certainement pas, surtout dans ce contexte de mobilisation et de fanatisme.

– Le fanatisme, la propagande qui poussent ces enfants à partir sont fortement mis en cause dans votre livre.

– J'ai écrit ce livre, un récit, uniquement en fonction de mes propres sentiments. Ce qui me semble très choquant c'est la manière dont ils s'y sont pris pour endoctriner des enfants, le fait que les parents n'ont pas réagi, et comment ça a fonctionné. C'est un mystère, un phénomène incompréhensible pour nous.

– Pourtant on saisit bien la façon dont fonctionne le discours, et l'on voit par ailleurs des enfants porter ici le voile.

– C'est exact, mais mon livre date de quelques années. A l'époque, il n'y avait pas l'Algérie. Aujourd'hui, ce livre peut sembler moins décalé. Mais je l'ai écrit en raison de la surprise devant l'enrôlement des enfants, leur départ par paquets, par classes entières. Ils sont partis, encadrés par l'instituteur, pour le front, du jour au lendemain !
On pouvait lire dans la presse des témoignages d'officiers irakiens qui marchaient le long des tranchées parmi les cadavres des enfants iraniens et qui pleuraient. L'Irak, qui est ensuite passé pour un pays barbare, était considéré à l'époque comme un pays civilisé et semblait tout à fait « occidental » par rapport à l'Iran.

– Ce qui est étonnant, c'est que Nassim, votre personnage principal, est très lucide dès le début et qu'en même temps il s'engage.

– Ce roman a été écrit par un Occidental adulte et est destiné à un public jeune. Il faut donc un personnage qui permette à ce public de s'identifier. En même temps je lui prête évidemment un certain nombre de réactions

qui ne sont pas celles que les enfants concernés ont eues, sinon ils ne seraient pas partis. Nassim est en décalage avec l'histoire qu'il vit : il est lucide, il comprend et il part quand même au front car il nourrit un sentiment de culpabilité très fort par rapport aux autres. Nassim n'est pas un personnage historique. C'est un personnage de fiction.

– *Est-ce que votre constat n'est pas trop pessimiste ? On a en effet le sentiment que personne ne peut résister à la guerre…*

– C'est ce qui m'a surpris au moment où j'ai écrit le livre. Je me suis demandé s'il n'existait pas un traumatisme profond dans la société iranienne, après cela. Il n'y a pas si longtemps, j'ai vu un reportage tourné là-bas, où les enfants martyrs sont l'objet d'un vrai culte. Mais il y a certainement une grande culpabilité souterraine de la part des familles, de ceux qui ont survécu. C'est comme le Soldat inconnu, les anciens combattants, il n'y a pas de recul ; ils sont vénérés comme des martyrs, la période de réflexion n'est visiblement pas encore là.

– *Pensez-vous que ce genre de propagande et de guerre ne peut avoir lieu que dans un tel pays ? Ne croyez-vous pas que cela pourrait se produire ici ?*

– Il faudrait quand même que les conditions soient très, très différentes. Certes en l'espace de quatre, cinq ans, on a assisté à la montée de l'intégrisme et on commence à comprendre comment cela peut fonctionner, mais à l'époque c'était incompréhensible, parce que les images qu'on voyait à la télé nous montraient des enfants partant au front sur leur Mobylette, des enfants « modernes » qui portaient toutes sortes de gadgets, d'autocollants. On avait l'impression de voir des gamins d'aujourd'hui alors qu'en fait, dans leur esprit c'était le Moyen Age. Les Khmers rouges ont également enrôlé des enfants qui ont participé aux massacres, mais ces jeunes crevaient de faim. Tout avait été ravagé, bombardé pendant la guerre américaine. Les enfants réagissaient comme des adultes. De même, au Biafra et au

Rwanda, les enfants ont pris les armes, mais là la guerre était partout, c'est beaucoup moins surprenant. Comme à Sarajevo actuellement, les jeunes deviennent combattants très tôt, car la guerre fait partie de leur vie quotidienne, à la différence de la guerre iranienne, guerre de conquête lointaine.

– Vous dénoncez aussi la dictature du Shah…

– Le régime des mollahs passait à nos yeux pour quelque chose d'assez sévère. Mais si on ne rend pas compte de la sauvagerie du régime précédent, on ne comprend pas pourquoi les mollahs sont venus au pouvoir. L'épisode du livre où l'on fait parler les opposants en s'attaquant à leurs enfants dont on coupait les membres est véridique. Le Shah, c'était une marche forcée vers la modernisation, alors que la société iranienne n'était pas du tout prête. En arrière-fond, il faudrait reprendre les accords secrets de la guerre de 1914. Deux généraux se sont assis devant une carte de la région pour tracer artificiellement les frontières avec une gomme et un crayon. Toute la géographie de la région a été bousillée.

– *L'Occident est dénoncé comme l'ennemi par les Iraniens et les deux derniers paragraphes de votre livre soulignent l'indifférence des Occidentaux.*

– En France, en 1986, il y a eu une série d'attentats. Pendant la semaine où les bombes explosaient, on montait dans le métro et quand quelqu'un sortait, on regardait vraiment s'il n'avait pas laissé traîner un sac… Le « terrorisme international » a été invoqué. Peu à peu on a compris que les Iraniens étaient derrière parce que la France, en équipant largement l'armée irakienne, était devenue partie prenante de la guerre Iran/Irak. Les Iraniens exigeaient, par la terreur, l'arrêt des livraisons d'armes. Les gens qui regardaient la guerre à la télé étaient blasés, mais tout à coup cette guerre a fait irruption dans leur vie de façon très brutale.

1
AU FIL DU TEXTE

Vingt questions pour commencer

Un enfant est projeté dans la guerre. Tout va aller très vite. Passé enseveli, présent périlleux, avenir incertain, apprentissage douloureux de la vie... Pour savoir si vous avez bien saisi la chronologie de l'histoire et la portée des événements, répondez soigneusement à ces questions, avant de vous reporter aux solutions.

1. *Au début de l'histoire, quel est l'âge de Nassim ?*
A. 20 ans
B. 15 ans
C. 14 ans

2. « Ils arrivent ! » *dit le vieil Hassan à Nassim. De qui parle-t-il ?*
A. Des Irakiens
B. Des agents recruteurs
C. Des touristes

3. *Que fait Nassim quand l'officier désamorce le missile irakien ?*
A. Il s'enfuit
B. Il fait un pas en arrière
C. Il s'accroupit au bord du cratère

4. *Nassim et ses parents se rendent en cortège vers la citadelle d'Ifrouz. Pourquoi ?*
A. Pour saluer le Shah
B. Pour exprimer leur mécontentement
C. Pour former une procession religieuse

5. *Par quel régime les mollahs voulurent-ils remplacer la dictature du Shah ?*
A. Par une démocratie
B. Par une monarchie
C. Par une république islamique

6. *Quand Nassim vivait à Téhéran, il a participé à un événement historique. Lequel ?*
A. La chute du shah
B. Le retour du shah
C. L'invasion irakienne

7. *Un jour, à la sortie des classes, Nassim assiste à un supplice public. Lequel ?*
A. La mutilation d'un voleur
B. La lapidation d'une femme adultère
C. La pendaison d'un assassin

8. *Pourquoi l'armée irakienne a-t-elle envahi une province d'Iran ?*
A. Pour profiter de l'affaiblissement de l'armée iranienne
B. Parce que cette province avait été prise à l'Irak par le shah et qu'elle recélait du pétrole
C. Parce que l'Iran et l'Irak se font la guerre depuis cinq mille ans.

---

9. *Quel armement reçoivent les enfants « volontaires » ?*
A. Un fusil Kalachnikov
B. Deux grenades
C. Un pistolet mitrailleur

---

10. *Comment Nassim accepte-t-il sa responsabilité de chef de section ?*
A. Avec enthousiasme
B. Avec résignation
C. Avec réticence

---

11. *A Hocine qui ne comprend pas pourquoi on leur reprend leurs beaux uniformes, Nassim rétorque :* « on n'attrape pas les mouches avec du vinaigre. » *Que veut-il dire ?*
A. Que les beaux uniformes attirent les mouches ?
B. Qu'on leur a distribué ces uniformes pour les attirer, eux
C. Il veut parler d'autre chose

---

12. *Combien de temps dure l'entraînement des « volontaires » ?*
A. Une semaine
B. Un mois
C. Une seule journée

---

13. *Quels sont les premiers adversaires que doivent affronter les enfantsdans les marais ?*
A. Les tanks irakiens
B. Les avions irakiens
C. Les moustiques

---

14. *Pourquoi les enfants sont-ils lancés les premiers à l'assaut de la colline ?*
A. Parce que c'est moins dangereux, grâce à l'effet de surprise
B. Pour faire sauter les mines afin de frayer la voie aux troupes d'assaut
C. Parce qu'ils sont volontaires

---

15. *Pourquoi Nafouz demande-t-il à Nassim de le tuer ?*
A. Parce qu'il croit au paradis d'Allah
B. Parce qu'il a peur de souffrir
C. Parce qu'il n'a jamais beaucoup aimé sa vie

---

16. *Qu'a-t-on fait des cadavres après la bataille ?*
A. On les a placés dans des cercueils pour les rendre à leurs familles
B. On les a brûlés
C. On les a jetés dans les marais

17. *Par quel moyen les Irakiens ont-ils préparé leur contre-offensive ?*
A. Comme les Iraniens, en lançant des jeunes volontaires dans les champs de mines
B. Par des salves d'artillerie
C. Par un bombardement aérien, et un lâcher de gaz toxiques

---

18. *Comment les soldats accueillent-ils les exhortations du mollah avant l'attaque irakienne ?*
A. Avec dévotion, par respect de la religion
B. À genoux et prosternés en direction de La Mecque
C. Par des injures

---

19. *Quand Nassim rentre à Téhéran, qu'espère-t-il trouver ?*
A. Une récompense de l'Iran
B. L'admiration des passants
C. La trace de Nadira

---

20. *Que découvre-t-il alors ?*
A. Que Nadira a été blessée elle aussi
B. Que le quartier de Houmieh a changé
C. Que Nadira l'a oublié

Solutions page 159

A propos du titre

Le titre indique et résume le contenu d'un livre. Que nous annonce celui-ci ? Est-il précis ?

1. « *Un enfant* » : Qui est désigné par ce terme ? S'agit-il encore d'un enfant ? Relevez dans le texte ce qui témoigne de la jeunesse du personnage. Est-il le seul enfant concerné par la guerre ? Qui sont les autres ? L'auteur a utilisé l'article indéfini devant le mot *enfant*, qui pourtant renvoie au personnage principal. Sur quoi veut-il mettre l'accent ?

2. *« Dans la guerre »* : Que suggère la préposition « dans » ? Comment est-elle illustrée dans le texte ? Quels sentiments l'auteur a-t-il voulu provoquer, à votre avis, par la formulation du titre ?

Un prologue en première page

Nous découvrons les données du drame que raconte ce livre au fil des trois premiers chapitres. Toutefois les cinq premiers paragraphes – la première page – nous donnent déjà des informations sur cette histoire, en nous permettant de pénétrer progressivement dans le vif du sujet. Relisez-les et observez.

1. Le premier paragraphe est composé de six phrases. Les deux premières présentent deux personnages. En quoi s'opposent-ils ? Montrez que cet antagonisme est développé dans la dernière phrase du paragraphe. Qu'est-ce que cela indique par rapport à la guerre ? (reportez-vous à la question *Une guerre de religion*, aux questions suivantes et au chapitre 4).

2. Par quel incident le contexte de la guerre est-il évoqué ? Ce fait joue un rôle capital dans le chapitre 1 (voir dans les questions suivantes : *« L'arrivée des soldats »*) Que représente *« le trou énorme qui béait »* ? Que suggère-t-il sur les effets de la guerre ?
Jamjar, la victime de l'explosion, est qualifié *« d'impie »* (p. 14). Quel rapport ce qualificatif établit-il entre ce personnage et la guerre ? A quel personnage majeur nous conduit le récit de cet épisode ?

Shamsi, Téhéran

1. Comment cette bourgade est-elle située par rapport au héros ? Et par rapport à Téhéran ?

2. Quels compléments circonstanciels accompagnent le nom de Téhéran ? Que suggèrent-ils sur la place que la guerre occupe dans le village ?

3. « *Pour que, là-bas, les experts puissent fixer au plus juste prix le tribut que Shamsi devait payer...* » (p. 14) Que représente l'expression *le tribut* ? S'agit-il seulement de nourriture ? Par quoi ce tribut est-il illustré dans le passage qui suit ? (voir dans les questions suivantes : *Les voleurs de rêve*)

Un ensemble cohérent

Les trois premiers chapitres forment un ensemble tout à fait cohérent :

1. Comparez la dernière phrase du troisième chapitre aux deux premières phrases du récit. Que signifie cette reprise ? Indique-t-elle les transformations qui se sont produites à Shamsi ?

2. Deux types de récits se mêlent tout au long des trois chapitres. Quel est, selon vous, le récit principal ? Que nous raconte-t-il ? Dégagez les étapes de l'action et sa progression. Quel est le personnage principal ? Quels autres personnages importants sont impliqués dans le récit principal ?

3. Comment qualifieriez-vous les autres récits ? A quelles époques renvoient-ils ? Montrez de quelle façon ils nous placent du point de vue du personnage principal, de sa mémoire, de son regard.

L'arrivée des soldats

1. Comment et par qui est-elle annoncée ? A quelle autre phrase fait-elle écho ? Comparez et analysez la valeur du pronom sujet figurant dans ces phrases.

2. Comment les soldats sont-ils décrits ? Et le convoi, comment est-il accueilli à Shamsi ? Relevez tous les

termes évoquant une atmosphère de liesse. La joie est-elle le seul sentiment éprouvé ? Quels autres sentiments suggèrent les expressions : « un frisson, les palpitations » ? (p. 18 et 21)

3. L'officier du convoi militaire n'a pas de nom. Pourquoi ? Cela correspond-il à son aspect ? (p. 18) Quelle est son attitude ?

4. Par quelle action cet officier manifeste-t-il sa supériorité ? Montrez qu'il est comparé à un magicien, un illusionniste. Relevez les détails qui révèlent son assurance. Que prouve-t-il aux habitants de Shamsi par cette action ?

« A mains nues, à mains nues, c'est ainsi que l'on pouvait vaincre Saddam et sa clique. » (p. 21) Relisez les chapitres 5 et 6 consacrés au combat et relevez ce à quoi cette phrase fait déjà allusion, ce qu'elle annonce.

L'enrôlement

1. Chez les volontaires *bassidj*, quelle place occupent le vêtement et les armes dans l'enrôlement ?
Comment l'officier, le discours des religieux et de l'instituteur présentent-ils la guerre ?

2. Nassim part-il pour les mêmes raisons que les autres enfants ? Comment perçoit-il les discours officiels sur la guerre ? Pourquoi entraîne-t-il Nafouz avec lui ? (p. 46 et 47)

Les voleurs de rêve

1. Les récits rétrospectifs nous informent et sur le passé de Shamsi et sur celui de Nassim. Quels événements marquants ces récits reprennent-ils ? Que représentent la Révolution et la guerre pour Nassim ? En quoi l'expression *« les voleurs de rêve »* résume-t-elle et ce que Nassim a déjà vécu et ce qui se passe ? (p. 41)

2. Relisez bien le passage concernant la liste des morts de Shamsi, (p. 14 et 19). La guerre apparaît ici comme un ogre insatiable. Par quel procédé ?

Nassim : portrait bilan

1. Nassim est bien le personnage principal et nous vivons les événements à travers lui. En relevant dans l'ensemble du texte les termes relatifs au regard, montrez que Nassim observe et comprend ce qui se passe autour de lui.

2. Relevez l'ensemble des éléments, des détails le concernant, qui font de lui un être singulier et qui le rendent sympathique. Montrez qu'il est habile, courageux, lucide, révolté, nuancé, sensible.

Guerre et paix. *Bellum et pax*

Les mots de la langue française sont issus pour la plupart du latin. Dans le domaine militaire, *bellum* (la guerre) et *pax* (la paix) sont à l'origine de plusieurs termes français. Cherchez dans le dictionnaire certains de ces mots et leurs dérivés si vous ne les connaissez pas. Leur première syllabe est sensiblement la même que celle de *l'étymon* latin (mot d'origine).
L'un des termes issus du mot *pax* a donné son nom à des mouvements antimilitaristes apparus en Europe, lors des deux dernières guerres mondiales. Recherchez dans un livre d'histoire, ou dans une encyclopédie, quels furent ces mouvements et quels écrivains français y ont participé.

Solutions page 159

Prisonnier dans la nasse

1. Les enfants volontaires, les *bassidj*, rentrent en contact avec le monde de l'armée. Cette découverte est-elle à hauteur de leur enthousiasme ? (chap. 4)

2. Hocine : quelle est son attitude pendant l'enrôlement et pendant tout le trajet jusqu'au camp ?Que dit-il, par la suite, qui prouve son désenchantement ? Montrez comment Nassim s'oppose à Hocine.

3. Nassim, dans le chapitre 4, se tient en retrait, mais néammoins reste impliqué dans l'action. Nassim est intelligent, lucide, agile et fin stratège. Relevez les indices de ces attributs du personnage dans tout le chapitre et commentez les trois actions par lesquelles il prouve malgré lui sa supériorité et devient un soldat « exemplaire ».

L'entraînement

1. Par quoi celui-ci commence-t-il ? (p. 64) S'agit-il vraiment d'un entraînement ? Quel est l'incident qui montre à quoi cet exercice sert en réalité ?

2. Qui dirige l'entraînement ? Relevez l'ensemble des actions et des attitudes de ce personnage qui prouvent qu'il méprise les jeunes soldats. A qui vous fait-il penser ?

3. L'attaque simulée :

– Avec quelles armes s'entraînent les volontaires ? Contre quoi se battent-ils ? Montrez que ce faux combat est inégal. Qui en fait les frais ? (p. 72)
– Les volontaires doivent-ils faire seulement preuve de courage ? S'entraînent-ils pour la guerre en général ou pour une manœuvre en particulier ? Relisez les chapitres 5 et 6.
– A votre avis, que représente la cible ? En quoi cette effigie symbolise-t-elle l'ennemi ? Est-ce l'ennemi de Nassim ?

Une guerre de religion

1. Le conflit Iran/Irak a un double enjeu territorial et économique, les deux pays revendiquant la même province pétrolifère (riche en pétrole). Relevez dans le texte les indications relatives à ce problème et expliquez pourquoi les Occidentaux, et notamment les Américains, sont cités comme ennemis par la propagande militaire.

2. A ce double enjeu s'ajoute un enjeu idéologique ; retrouvez les différentes citations de la propagande militaire. Comment présente-t-elle l'ennemi irakien ? De quel ordre est le principal reproche fait à l'ennemi ? Les sonorités de « Saddam » rappellent celles d'un terme utilisé pour qualifier l'ennemi. Que signifie alors le leitmotiv *« Mort à Saddam »* ?

3. Comment cette propagande présente-t-elle la guerre du côté iranien ? La défaite est-elle envisageable ? Comment sont désignés les soldats iraniens morts au combat ? Cherchez dans le chapitre 4 ce que les religieux promettent à ces soldats.

4. Deux personnages véhiculent dans l'histoire cette propagande. Montrez que l'un prend le relais de l'autre. Nassim s'oppose à ces deux personnages. Relevez les indices montrant qu'il s'oppose aussi à cette propagande.

5. L'auteur dénonce la propagande par le biais de la lucidité de Nassim mais aussi en la présentant comme un discours creux et mécanique. A quel moment du récit cet aspect est-il le plus manifeste ?

Le combat

1. Relevez au cours de votre lecture du chapitre 5 les détails qui justifient la phrase *« La guerre était bien là »* (p. 78) et font du paysage un paysage dévasté, *« étrange »* (p. 79) et terrible.

2. De manière générale, dans le texte, ce que découvrent les *« volontaires »* de Shamsi et Nassim, en particulier, diffère de ce à quoi ils s'attendaient. L'auteur

revient à plusieurs reprises sur les images proposées à la télévision. Relevez les passages en question et commentez le contraste. Quel rôle joue la télévision ? Sur quoi l'auteur veut-il mettre l'accent ?

3. Montrez que la vie du combattant, (p. 85) depuis l'entraînement jusqu'au combat, est une vie de misère, en relevant et commentant, par exemple, ce qui concerne la nourriture, le « confort », les commodités.

4. Le rire n'est pas absent de l'histoire. Quand les soldats volontaires rient-ils ? Et Nassim ? S'agit-il de rires de joie ? Quels sentiments traduisent-ils ? Pourquoi l'auteur évoque-t-il ces moments de « détente » ?

5. Le marais, les marécages : le cadre marécageux est très fréquemment évoqué. Relevez l'ensemble des termes le rappelant, et expliquez en quoi il correspond parfaitement à l'image d'une guerre impitoyable et incontournable.

Une opération d'envergure

1. Décrivez l'équipement (armes, vêtements) des volontaires. Tous les soldats de l'opération ont-ils le même équipement ? A quoi doivent servir les volontaires *bassidj* dans cette opération ?

2. L'opération réussit. *« La victoire. C'était la victoire. »* (p. 99). Est-ce vrai ? Relisez le chapitre 7 et la fin du livre avant de répondre.

3. Commentez cette phrase *« Les acteurs avaient changé mais on jouait la même pièce. »* (p. 112) A quoi la guerre est-elle comparée ?

4. Relevez l'ensemble des termes qui montrent la bataille sous l'aspect d'une « boucherie ».

Le ballet des fossoyeurs

1. La plupart des compagnons de Nassim meurent : Hocine, Afchine, Nafouz. En quoi leur mort s'inscrit-elle dans la logique de l'histoire ? Quels sentiments Nassim éprouve-t-il devant leur mort ?
A votre avis, est-il heureux d'avoir survécu ?

2. Il assiste au *« ballet des fossoyeurs »* et y participe. Comment ? Montrez que le personnage perd progressivement la raison, notamment quand il achève Nafouz. (p. 121)

La croisade contre les méchants

Le terme de *croisade* renvoie aux expéditions entreprises par les chrétiens coalisés pour délivrer les Lieux saints qu'occupaient les musulmans. On appelait *croisé* celui qui prenait la croix pour combattre les infidèles.
En vous aidant de manuels d'histoire ou d'encyclopédies, vous chercherez :

– le nom et la situation géographique des Lieux saints
– l'époque où eurent lieu ces expéditions
– le nombre de ces expéditions
– quel roi français est mort lors d'une croisade.

La durée de l'histoire

1. Combien de jours dure l'histoire de Nassim dans la guerre ? Relevez les indices temporels.

2. A quel épisode s'attachent, selon vous, les trois premiers chapitres ?

3. Que montre le suivant ? Sa durée vous semble-t-elle suffisante ? Cherchez dans le chapitre 5 le paragraphe indiquant ce que ressentent les « volontaires » à ce sujet.

4. Les trois chapitres suivants (5, 6 et 7) sont liés dans le temps. Expliquez en dégageant la progression de l'histoire pourquoi l'auteur a choisi de raconter celle-ci sur trois chapitres.

5. Quelle différence temporelle pouvez-vous noter entre le chapitre 8 et les précédents ? Montrez que ce chapitre constitue une clôture du récit.

Le récit ou l'accalmie

1. Au chapitre 8, Nassim « sain et sauf » reprend goût à la vie grâce à l'infirmière. Quel comportement adopte-t-elle ? A quels autres personnages féminins fait-elle penser ? De manière générale, que représentent les femmes dans cette histoire ? Qu'incarnent-elles ?

2. Nadira réapparaît dans l'histoire. Le dénouement semble devoir être heureux. Comment Nassim voit-il l'avenir ? Quelle place doit-il occuper désormais dans la société ?

La cruauté

1. Quand Nassim retourne à Téhéran il lui semble tout reconnaître, pourtant tout a changé. Comment l'auteur suggère-t-il ce changement ?

2. Nadira, la jeune fille, n'a pas été ménagée par les événements. Quand et comment le découvrons-nous ? Pourquoi l'auteur attend-il le dernier moment pour « dévoiler » la vérité ?

3. Nadira ne répond pas aux lettres que lui a écrites Nassim (p. 116). Que signifie son silence ? De quel autre épisode du même type, Nassim est-il le témoin (chapitre 2) ? Quel rôle capital occupe la meurtrissure physique dans cette histoire ?

L'épilogue

1. Dans la dernière page du livre, l'auteur nous fait basculer soudainement dans d'autres lieux. Quel lien les faits évoqués ont-ils avec l'histoire de Nassim ? Quelle est la portée de ce contraste voulu et quelles réflexions vous inspire-t-il ?

2. Le dernier paragraphe nous ramène sur le « théâtre de la guerre ». Que souligne l'auteur dans ce paragraphe ? En quoi ce paragraphe est-il ironique ? Vous pourriez essayer de le comparer au dernier chapitre de *A l'ouest rien de nouveau* de Erich Maria Remarque.

Protestants et catholiques

Cette guerre oppose sur le plan religieux chiites et sunnites qui pourtant pratiquent la même religion, croient dans le même dieu, Allah.
Le christianisme connaît le même type de partage. Sauriez-vous indiquer précisément ce qui différencie catholiques et protestants ? De quand date leur scission (séparation) ? Celle-ci fut-elle facile ? (Reportez-vous à des livres d'histoire ou à des encyclopédies).
En France, à quelle nuit célèbre est associée la guerre entre catholiques et protestants ?
Dans quel pays européen le clivage entre protestants et catholiques est-il encore vivace et terrible ?

Un roman d'apprentissage

Un roman dont le protagoniste est un enfant, ou un adolescent, est souvent appelé roman d'apprentissage. Le héros projeté dans le monde, hors de la sphère familiale, découvre la réalité de celui-ci, son fonctionnement et, au terme d'une série d'épisodes, d'épreuves, finit par trouver sa place dans ce monde.
L'histoire de Nassim vous semble-t-elle correspondre à cette configuration ? Relevez dans le texte les épisodes, les événements ainsi que les commentaires qui en font une sorte d'apprentissage. Toutefois, la notion d'apprentissage est une notion positive, optimiste. Celui de Nassim est-il positif ? Que découvre surtout Nassim ?

2
LE DOSSIER IRANIEN

La carte de l'Iran

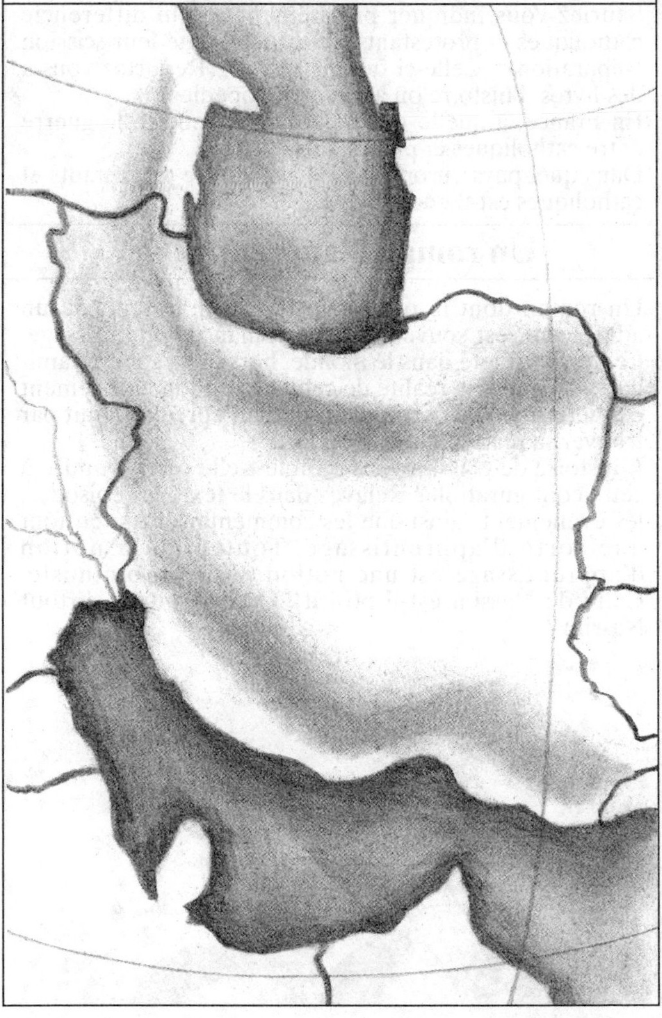

1. Indiquez en utilisant un atlas les noms des différents pays frontaliers de l'Iran : Afghanistan, Irak, Koweit, Pakistan, Turquie, pays de l'ex-U.R.S.S.

2. Surlignez en rouge la frontière commune entre l'Iran et l'Irak.

3. Repassez en bleu le Chatt al-Arab. C'est le fleuve qui s'étend du confluent du Tigre et de l'Euphrate jusqu'au golfe Persique. Il représente pour l'Irak le seul accès à la mer et est devenu un des enjeux de la guerre entre les deux pays.

4. Situez les deux capitales, Téhéran et Bagdad.

5. Voici la région dans laquelle l'histoire se situe. Les noms de Shamsi (p. 9), Hostandjar (p. 15), Bassor (p. 18), Tanshora (p. 53), le grand port d'Ormaz (p. 55), les collines de Toudiah (p. 87), sont fictifs. Le Grand Fleuve (p. 10) n'existe pas.
Reconstituez, à partir de la carte réelle et des indications données dans le livre, la carte fictive de la guerre telle qu'elle est racontée par l'auteur.

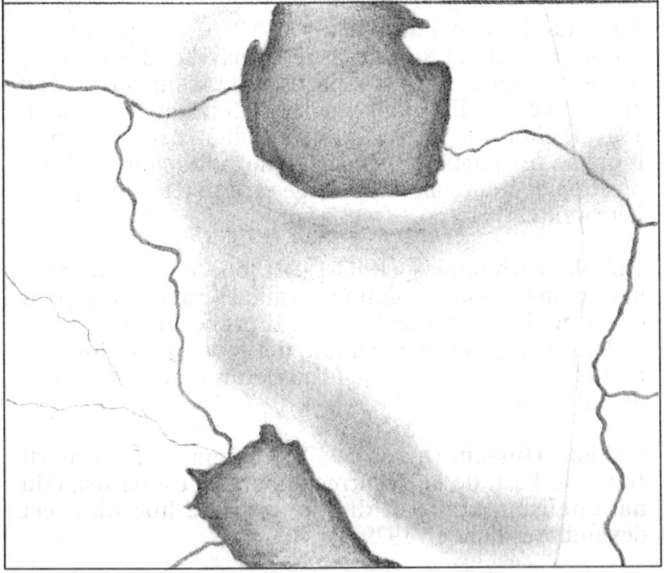

Présentation des protagonistes

Irak	Iran
440 000 km²	1 643 000 km²
Capitale : Bagdad	Capitale : Téhéran
16 millions d'habitants	46 millions d'habitants
Langue officielle : arabe	Langue : persan
Peuplé de 75% d'Arabes, et de 15% de Kurdes	Peuplé de 60% de Persans, 25% d'Azéris, 9% de Kurdes
Religion officielle : islam. 55% de chiites, 40% de sunnites, 5% de chrétiens	Religion officielle : islam. 93% de chiites, 5% de sunnites

Les personnages historiques

Certains personnages sont évoqués tout au long du récit. Voici une biographie succincte de chacun d'eux.

Mohamed Reza Pahlavi (1919-1980), le Shah (roi) d'Iran, appartient à la dynastie Pahlavi fondée en 1925 par Reza Khan, son père, partisan de la modernisation et de l'occidentalisation. Mohamed Reza lui succède en 1941. Il choisit le faste, laisse s'installer la corruption et réprime les partis politiques. Une seule source d'opposition demeure alors, le clergé et, à sa tête, l'ayatollah Khomeiny.

Ruhollah Khomeiny (1902-1989) joue un rôle de premier plan dans la révolution islamique iranienne en tant que « guide de la révolution ». Il prône les valeurs de l'islam, l'application intégrale de la *charia* ou loi islamique ainsi que le rejet de la modernisation et de l'occidentalisation.

Saddam Hussein (né en 1937), l'homme fort du parti Baas, ou Parti de la Résurrection arabe, est partisan du nationalisme arabe et du modernisme libéral. Il est devenu président en 1979.

Attribuez à chaque personnage ses différentes dénominations utilisées dans le récit (au besoin, reportez-vous au texte lui-même).

Mohamed Reza Pahlavi	Le Shah, p. 23
Khomeiny	Le souverain, p. 31
Saddam Hussein	Le président de l'Irak, p. 44
	Le Guide, p. 17 et 43
	Le tyran, p. 43
	Le satan Saddam, p. 18
	L'Imam infaillible, p. 40

Questions d'histoire

Pourriez-vous répondre à ces quelques questions ?

1. En quelle année le Shah d'Iran a-t-il été renversé et chassé de son pays ?
A. 1941
B. 1981
C. 1979

2. Des Américains ont été pris en otage par des étudiants islamistes dans leur ambassade en Iran. Combien de temps cela a-t-il duré ?
A. Plus d'un mois
B. Plus d'un an
C. Une journée

3. Combien de temps a duré la guerre Iran-Irak ?
A. 8 ans
B. 1 mois
C. 8 jours

4. Qui gouvernait l'Iran pendant cette guerre ?
A. Mohamed Reza Pahlavi
B. Ruhollah Khomeiny
C. Saddam Hussein

Solutions page 160

Quelques dates

5000 av. J.-C. : premières cités en Mésopotamie.

3000 av. J.-C. : civilisation de Suse en Elam, au sud-ouest du plateau iranien, qui s'oppose très tôt à la civilisation de Sumer installée dans la plaine de Mésopotamie (l'Irak actuel).

2000 av. J.-C. : les montagnards kassites s'emparent de Babylone.

604-562 av. J.-C. : Nabuchodonosor le Grand délivre son royaume des kassites.

558-528 av. J.-C. : Cyrus II le Grand fonde la dynastie des Achémides regroupant les dix tribus perses primitives.

522-490 av. J.-C. : règne de Darius Ier qui marque l'apogée de l'Empire perse.

356-323 av. J.-C. : règne d'Alexandre le Grand.

305-64 av. J.-C. : dynastie hellénistique des Séleucides.

224-642 : règne de la dynastie des Sassanides.

622 : début de la prédiction de Mahomet, première année de l'Hégire (ère musulmane).

632 : mort de Mahomet.

661 : martyr du 4e calife Ali, fondateur du chiisme.

820-873 : dynastie iranienne des Tahirides.

874-999 : dynastie iranienne des Samanides.

932-1055 : dynastie iranienne des Buwayhides.

1099-1244 : croisades.

vers 1600 : le chiisme devient la religion officielle de la Perse.

1786-1925 : la dynastie Qadjar est au pouvoir.

1925 : avènement de Reza Khan et de la dynastie des Pahlavi.

1968 : prise de pouvoir par le Baas en Irak.

La chute du Shah et l'instauration de la République islamique

En relisant le chapitre 2 (p. 23 à 38), relevez les passages du texte qui font allusion aux causes de la chute du Shah :

– le faste de la dynastie, la corruption ;
– la répression politique (interdiction des partis politiques, censure de la presse, torture) de la SAVAK ou police politique ;
– la politique économique libérale du Shah qui entraîne le chômage et la pauvreté du peuple lequel se sent exclu des bénéfices des richesses pétrolières.

Les événements de la Révolution

7, 8, 9 septembre 1978 : *vendredi noir*, manifestation à Téhéran, place Jaleh : l'armée tire, faisant plusieurs dizaines de morts, puis, plusieurs milliers de morts lors d'affrontements qui se succèdent jusqu'au lendemain. Le Shah proclame la loi martiale.

16 janvier 1979 : fuite du Shah d'Iran.

1er février 1979 : retour dans la capitale, Téhéran, de l'iman Khomeiny, exilé en France.

1er avril 1979 : proclamation de la République islamique à l'issue d'un référendum abolissant la monarchie (98% de oui).

4 novembre 1979 : occupation de l'ambassade américaine et prise d'otages par des étudiants des comités Khomeiny qui demandent l'extradition de l'ex-Shah.

20 janvier 1981 : libération des 52 otages de l'ambassade américaine.

A votre avis, à quels événements l'auteur fait-il référence dans l'histoire particulière de Nassim ?

La guerre Iran-Irak

Pour vous aider, voici quelques repères chronologiques relatifs à la guerre Iran/Irak :

6 mars 1975 : Accord d'Alger signé par le Shah et Saddam Hussein, reconnaissant la frontière qui passe par le *thalweg* (milieu) du cours d'eau, le Chatt al Arab. En échange, le Shah renonce à aider les Kurdes d'Irak.

17 septembre 1979 : Saddam Hussein dénonce l'accord d'Alger et commence la guerre avec l'Iran.

22 septembre 1980 : offensive des Irakiens qui espèrent une guerre éclair.

septembre 1981-juin 1982 : reconquête par les Iraniens du territoire perdu.

13 juillet 1982 : début de la guerre des « vagues humaines » iraniennes qui s'ouvre avec l'offensive Ramadan Moubarak.

décembre 1983 -1984 : recours à des actions terroristes, à l'arraisonnement des bateaux par les Iraniens, à l'utilisation des gaz chimiques par les Irakiens.

mars-juin 1985 : « guerre des villes » et « guerre des capitales », phase pendant laquelle les deux pays utilisent massivement leur aviation ; celle de l'Irak étant plus performante, l'Iran reprend les attaques terrestres.

juin 1985-printemps 1987 : cette période est dominée par les raids aériens irakiens et les actions « coups de poing » des Iraniens.

3 novembre 1986 : scandale de l'Irangate ; Israël fournissait des armes à Téhéran.

20 août 1988 : Instauration du cessez-le-feu entre l'Irak et l'Iran acceptant la résolution 598 du Conseil de sécurité de l'ONU.

Quelles sont les phases de cette guerre évoquées tout au long du récit ? (Les faits ne sont pas forcément décrits de façon chronologique.)

Bilan de huit années d'une guerre terriblement meurtrière :
Plus d'un million de morts du côté iranien. Les grands perdants de cette guerre sont les deux peuples qui ont dû subir les privations du temps de guerre et survivre dans des économies sinistrées.

Vrai ou faux ?

Avant de découvrir le dossier suivant ayant trait à la religion, vérifiez votre connaissance de l'Islam.

1. Tous les musulmans sont des Arabes.
VRAI/FAUX

2. Les *sunnites* sont plus nombreux que les *chiites*.
VRAI/FAUX

3. L'islam est l'une des trois grandes religions monothéistes (qui croient en un seul Dieu).
VRAI/FAUX

4. Un des cinq « piliers » (obligations) du croyant musulman est de ne pas manger de viande de porc et de ne pas boire d'alcool.
VRAI/FAUX

5. La *charia* ou loi islamique est appliquée dans tous les pays musulmans.
VRAI/FAUX

Solutions page 160

La guerre vue par la presse

Victimes civiles et militaires

« Cette guerre a été l'une des plus violentes, des plus coûteuses et des plus sanglantes depuis la Seconde Guerre mondiale. Les estimations des pertes humaines, civiles et militaires sont de l'ordre d'un million de morts, avec en outre 40 000 prisonniers irakiens détenus en Iran et près de 12 000 Iraniens en Irak, selon le Comité International de la Croix-Rouge, qui visite régulièrement les camps de prisonniers.

Environ 1 million et demi de personnes ont dû fuir leur maison. Il s'agit surtout d'Iraniens habitant les villes du Khouzistan, mais aussi des Irakiens de Bassorah et d'ailleurs – sans parler des Kurdes. »

D'après Middle East Report, *sept-oct. 1987*
et Pétrole et gaz arabes, *1er août 1988*

La guerre chimique

« La guerre enre l'Iran et l'Irak allait être un nouveau chapitre dans l'histoire et l'emploi des gaz. Comme entre 1915 et 1918, ils furent utilisés d'abord par l'armée irakienne dans un but tactique et, si l'on peut dire, classique : il s'agissait non d'opérer une « percée », mais de colmater une brèche en concentrant les tirs contre des forces ennemies asssez denses pour que l'efficacité des gaz soit la plus grande possible. Ils devinrent ainsi l'un des instruments privilégiés du commandement irakien face à la série des grandes contre-offensives iraniennes des années 1983-1987 (...).

Mais le commandement irakien devait, cette année (1988), se décider à recourir à un emploi d'ordre stratégique de ces armes chimiques. L'occasion en fut d'abord le bombardement de la ville kurde de Halabja, située en Irak, mais que l'armée iranienne venait d'atteindre, donnant la main à la rébellion kurde. Ce fut, à notre connaissance, la première fois dans l'histoire qu'une ville entière fut ainsi bombardée au gaz, avec des résultats extraordinairement meurtriers pour la population (...) »

Paul-Marie de la Gorce, *Demain le gaz ?*
Le Monde diplomatique, septembre 1988

Une religion : l'islam

L'islam est la troisième religion monothéiste après le christianisme et le judaïsme. Elle est fondée sur le Coran, livre qui contient les révélations d'Allah (Dieu) transmises à Mahomet (ou Mohammed), le Prophète.

Le Coran est écrit en langue arabe qui devient langue sacrée. Les musulmans y trouvent les principes de la foi, les règles de la vie politique, sociale et familiale. Être musulman implique de respecter cinq obligations appelées les *« cinq piliers de l'islam »* :

1. Croire en la profession de foi : *« Il n'y a de Dieu que Dieu et Mahomet est son prophète »*
2. Faire sa prière cinq fois par jour en direction de La Mecque

3. Respecter le jeûne du mois de ramadam
4. Aller une fois dans sa vie en pélerinage à La Mecque
5. Pratiquer l'aumône

Retrouvez les passages concernant les « obligations » du croyant musulman.

Les courants de l'islam

L'islam est divisé en deux grandes tendances : le sunnisme (de *sunna*, tradition du Prophète) et le chiisme (chiat Ali, la secte d'Ali). Cette division est ancienne, elle date du VIIe siècle.

A. Les *sunnites* représentent le groupe le plus important de musulmans (90% environ). Ils reconnaissent la légitimité des quatre premiers califes et, pour eux, le clergé n'existe pas car ils refusent l'idée d'un intermédiaire entre Dieu et les hommes.

B. Les *chiites* représentent environ 10% d'un milliard de musulmans mais ils sont majoritaires en Iran. Pour eux, le chef de la communauté des croyants doit nécessairement appartenir à la famille du Prophète. C'est pourquoi le seul calife qu'ils reconnaissent est Ali, le gendre de Mahomet. Le douzième descendant d'Ali étant mort sans descendance, le vrai calife est un imam invisible qui réapparaîtra comme le Madhi (guidé par Allah). L'islam chiite est organisé autour d'un clergé hiérarchisé : les mollahs ou docteurs de la Loi, et dont les plus prestigieux sont appelés les ayatollahs ; l'imam, quant à lui, est un véritable chef politique et spirituel.

Relevez dans le texte tous les détails montrant que les religieux dirigent le pays et la guerre.

La charia ou loi islamique

La *charia* est la loi religieuse inspirée du Coran et de la Sunna. L'ayatollah Khomeiny écrivait en 1979 dans *Principes politiques, philosophiques, sociaux et religieux* : « Si on appliquait pendant une année seulement les lois punitives de l'islam, on déracinerait toutes

les injustices et les immoralités dévastatrices. Il faut châtier les fautes par la loi du talion : couper la main du voleur, tuer l'assassin et non pas le mettre en prison, flageller la femme ou l'homme adultère... »

Avec l'instauration de la République islamique, la charia est appliquée en Iran (elle l'est également en Arabie Saoudite, au Pakistan, en Mauritanie et au Soudan) ; on coupe la main du voleur, on lapide la femme adultère. Le port du *tchador* est obligatoire pour les femmes, car, selon la recommandation du Coran, il est demandé aux femmes de ne pas s'exposer aux regards des hommes. La mixité est découragée.

Au cours de votre lecture, relevez les passages faisant allusion à l'application de la charia. Comment Nassim la perçoit-il ?

3
SOLUTIONS DES JEUX

Vingt questions pour commencer
(p. 135)

1 : C (p. 9) - 2 : B (p. 16) - 3 : C (p. 19) - 4 : B(p. 32) - 5 : C (p. 37) - 6 : A (p. 34) - 7 : B (p. 43) - 8 : B (p. 44) - 9 : B (p. 67) - 10 : C (p. 71) - 11 : B (p. 60) - 12 : C (p. 78) - 13 : C (p. 79) - 14 : B (p. 95) - 15 : B (p. 101) - 16 : B (p. 107) - 17 : C (p. 108 et 110) - 18 : C (p. 109) - 19 : C (p. 115) - 20 : A(p. 119)

Si vous obtenez de 16 à 20 bonnes réponses : vous avez lu ce livre avec la plus grande attention, à l'unisson de Nassim, pris dans l'histoire tragique de son pays. Vous lirez certainement avec la même passion, dans la même collection, *Que cent fleurs s'épanouissent* de Feng Ji Cai et *Un été algérien* de Jean-Paul Nozière.

Si vous obtenez de 8 à 15 bonnes réponses : vous avez lu le texte avec un peu de distance (ou peut-être un excès d'émotion), mais vous en avez compris l'essentiel. Cependant certains détails vous ont échappé. Une seconde lecture vous serait profitable...

Si vous obtenez moins de 8 bonnes réponses : vous vous êtes senti très loin de la guerre des enfants en Iran et de cette douloureuse histoire. Mais vous aurez certainement envie de mieux les connaître, ainsi que Nassim, le héros d'*Un enfant dans la guerre*, dans quelque temps.

Guerre et Paix. *Bellum et Pax*
(p. 141)

Bellum : belligérant, belligérance, belliqueux, belliciste. Bellicisme : amour de la guerre

Pax : paix, paisible, paisiblement, pacifique, pacifier, pacifisme, pacificateur, pacification, pacifiquement.

Questions d'histoire

(p. 151)

1 : C - 2 : B - 3 : A - 4 : B

Vrai ou faux ?

(p. 155)

1 : Faux - 2 : Faux - 3 : Vrai - 4 : Faux - 5 : Vrai

FOLIO JUNIOR ÉDITION SPÉCIALE

DANS LA COLLECTION FOLIO JUNIOR ÉDITION SPÉCIALE,
UNE SÉLECTION DE LIVRES PASSIONNANTS
POUR DÉCOUVRIR D'AUTRES PAYS,
D'AUTRES ÉPOQUES, D'AUTRES CIVILISATIONS…
OU POUR RÉFLÉCHIR AU MONDE D'AUJOURD'HUI.

Harriet Beecher-Stowe

La case de l'oncle Tom

Dino Buzzati

La fameuse invasion de la Sicile par les ours

Alphonse Daudet

La dernière classe
et autres contes du lundi

Feng Ji Cai

Que cent fleurs s'épanouissent

Gustave Flaubert

Salammbô
Trois contes

Anthony Fon Eisen

Le prince d'Omeyya

Nadine Garrel

Au pays du grand condor

Théophile Gautier

Le roman de la momie

William Golding

Sa Majesté des Mouches

Sheila Gordon

En attendant la pluie

FOLIO JUNIOR ÉDITION SPÉCIALE

Claude Gutman

La maison vide

Hichiro et Isoko Hatano

L'enfant d'Hiroshima

Homère

La guerre de Troie (extraits de *l'Iliade*)
Voyages et aventures d'Ulysse (extraits de *l'Odyssée*)

Thierry Jonquet

Un enfant dans la guerre

Eugène Le Roy

Jacquou le croquant

Guy de Maupassant

Deux amis et autres contes

Prosper Mérimée

Colomba

Louis Mirman

Le silex noir

Jean-Côme Noguès

Le vœu du paon

Jean-Paul Nozière

Un été algérien

Michel Peyramaure

La vallée des mammouths